창업 신제품 개발

남윤정 저

마인드탭
MIND TAP

머리말

이 책은 총 3부로 구성되어 있다. 제1부에서는 창업의 의미에 대한 논의와 신제품의 가치창조를 위해 사용가능한 TRIZ, SCAMPER, 그리고 미학적 제품개발방법론을 소개한다.

제2부에서는 1부에서 소개한 제품개발방법 중 핵심적인 8가지 기법을 선별하여, 각 기법별 원리설명, 사례제시, 독자연습 등으로 단계별 구성을 하였다. 이 내용을 통해 창업자의 신제품개발 과정을 연습해볼 수 있도록 한다.

제3부에서는 오랜 역사를 지닌 제품카테고리에서도 지속적으로 신제품이 개발되어 온 것을 독자들이 확인하고, 제품역사의 사례를 통해 신제품개발 아이디어를 찾도록 돕는다. 제3부의 마지막 장인 제14장에서는 제품개발 및 전략수립 과정의 실제 사례를 보고서 형태로 제시하여, 신제품개발 기법을 정리함과 동시에, 신제품개발 시 필수적인 전략적 사고기법을 탐색할 수 있도록 하였다.

이 책은 기존의 창업을 위한 신제품개발의 기획단계에서부터 전략적인 접근이 필요함을 독자들에게 알리고, 그 이유와 방법, 실제 사례들을 독자들이 찾아낼 수 있도록 안내하는 것을 목적으로 하였다. 이를 위해 곽영식, 이두희, 한욱상 교수와 공저라 할 정도로 세 분의 자료를 많이 활용했다. 귀한 연구의 내용을 사용하는 것을 허락해 주신 세 분께 감사의 마음을 전한다. 더불어 마인드탭 김중용 사장님께도 감사의 말씀을 드린다.

2016년 2월

남윤정

차 례

제1부 창업은 가치창조, 그 방법은?

제2부 창업신제품 개발기법

제 1 부

창업은 가치창조, 그 방법은?

제1부 제1장에서는 창업이 갖는 의미가 '고객을 대상으로 지속적으로 가치를 창조하는 과정'이라고 정의 내린다. 이런 가치창조를 위해 창업자가 사용할 수 있는 방법론에 대해서는 제2장에서 다루게 된다. 발명원리로 분류된 TRIZ, 창의적 사고기법인 SCAMPER, 미학에서 사용하는 창작기법 등이 소개된다.

제 1 장

창업과 신제품 개발이란?

1 ▸▸ 창업하더라도 생존하기 어렵다

우리나라에서 창업자가 창업을 한 후 5년간이라도 생존하는 기업의 수는 얼마나 될까? 2014년에서 2016년 사이에 중기청과 창업진흥원이 보고한 자료에 따르면 창업자 10명 중 1~2명만 10년 동안 그 기업을 유지하는 것으로 나타났다. 이 중 기술창업을 하는 것이 생계형 업종 창업보다 생존율이 높은 것으로 나타났는데, 창업진흥원이 2016년도에 발표한 창업 업종별 5년 생존율을 보면 생계형 업종은 21.4%인데 비해, 기술기반 업종의 5년 생존율은 32.0%이다.

이 자료는 기술기반 창업기업의 생존율이 상대적으로 높지만 결국 10개 업체 중 5년 후엔 2~3개 기업만 살아남는다는 것을 보여주고 있다. 이처럼 창업을 한다는 것은 성공의 지름길이라고만 볼 수는 없는 것이다.

2 ▸▸ 창업성공의 조건은 무엇일까?

전문가들은 기술창업보다 생계형 창업의 생존율이 낮은 이유를 '동종업의 과잉 출혈 경쟁'이라고 지적하고 있다. 과연 그런 이유만으로 창업기업이 지속적으로 생존하고 성장하지 못하는 것일까?

오마에 겐이치라는 컨설턴트는 시장에서 성공하기 위한 조건으로 아래 세 가지가 만족해야 한다고 주장하였다.

1) 자신이 가장 잘하는 분야에서 경영해야 한다.
2) 경쟁사가 별로 없는 곳에서, 즉 경쟁이 심하지 않은 곳에서 경영해야 한다.
3) 고객이 많거나 존재하는 곳에서 경영해야 한다.

이를 창업에 응용하면 자신이 경쟁우위를 갖고 있는 분야에서 경쟁사가 별로 없고 고객이 많은 곳에서 창업하라는 말이 된다(곽영식, 2005).

이 세 가지 조건이 만족되는 영역에서 경쟁하게 되면, 자사제품으로 고객을 경쟁사보다 더 만족시킬 수 있을 것이라고 지적하고 있다. 이 논리는 제품수명주기의 도입기처럼 경쟁사가 별로 없는 곳에서 시장이 그 제품을 받아들일 수 있는 상황 및 시기에 들어가서 경쟁하라는 것이다. 따라서 창업자가 사업을 시작하기 전에 분석해야 할 것은 크게 세 가지이다.

1) 자기자신의 경쟁우위
2) 경쟁자
3) 시장

[그림 1-1] 오마에 겐이치의 전략삼각형

제일 먼저, 창업성공의 조건을 우리 자신의 입장에서 적어 보자. 창업자 자신이 생산하여 판매하고자 하는 상품 자체에 경쟁우위가 있는가? 경쟁자보다 더 가치가 높은 상품을 고객에게 제공할 수 있는 능력과 시스템을 갖추고 있는가?

저가 항공사는 생존하고 성장할 수 있을까? 아래 사례를 보자.

> ▸ 우리나라 저가항공사들은 대형항공사보다 낮은 가격에 승객을 모집한다(가격 경쟁우위)
> ▸ 2016년 1월 제주도에 폭설이 내려서 2일 동안 항공기의 이착륙이 불가능했다. 이 때, 대형항공사는 예약시스템을 통해 승객들에게 문자메시지로 탑승순서와 시간을 전달했다. 그래서 승객들은 공항 외부 숙소에 머물다가 비행시간에 맞추어 공항에 도착하면 되었다. 반면에 저가항공사는 대기표를 발급했는데, 이 대기표를 받기 위해 공항 카운터 앞에서 혼란이 야기되었고, 승객들은 공항에서 혼잡스럽게 대기해야만 했다. 이를 통해 저가항공사 승객관리 매뉴얼의 개선이 필요한 것으로 지적되었다. 한편, 저가항공 승객들은 저가항공사의 서비스 품질에 문제가 있는지 의심하기 시작하였다(서비스 제공능력과 시스템).

위의 사례를 보면, 저가항공사는 낮은 항공료라는 가격적 경쟁우위를 보유하고 있으면서도, 서비스 제공능력 및 시스템이라는 요소에서는 열위에 있다는 것을 알 수 있다. 경쟁상황에서는 반드시 상품의 특정 요소에 있어 경쟁우위를 갖추고 있더라도, 동시에 다른 요소에서 또한 경쟁자보다 결코 경쟁열위에 있지 않아야 한다. 창업의 성공조건은 경쟁사보다 나은 상품가치를 제공하고 있는지를 고객시각에서 살펴보아야 한다는 점이다.

독자 여러분이 '창업'하고자 하는 아이템과 관련하여 귀하가 갖고 있는 경쟁우위가 무엇인지를 적어 보자.

둘째, 경쟁자가 적을수록 좋다. 경쟁사보다 경쟁우위를 갖추고 있지 않더라도, 경쟁자가 적거나 없다면 이 창업자는 성공할 가능성이 매우 높다. 따라서 창업자는 경쟁우위를 갖추는 것을 고려하기 전에, 경쟁사가 없는 곳을 찾는 편이 창업성공에 더 쉽게 접근할 수 있을 지도 모른다.

충청북도 충주에서 청과도매상을 시작하면, 기존 경쟁자들이 무척 많고, 그들이 내 사업에 대해 가하는 압력이 매우 강할 것이다.

통일 후 평양에서 주류도매상을 시작하면, 기존 경쟁자들이 거의 없고, 그들의 내 사업에 대한 압력이 약할 것이다.

남아프리카 공화국에서 사진관을 차리자, 자기 자신과 가족사진이 없는 많은 고객, 카메라가 없는 고객들이 이 사진관을 멀리서부터 찾아와서 사진을 촬영하였다.

독자 여러분이 '창업'하고자 하는 아이템과 판매경쟁을 할 경쟁제품이나 경쟁사를 아래 네모 칸에 적어 보자.

셋째, 고객이 많을수록 좋다. 또는 시장크기는 적어도 내가 창업한 기업이 생존할 정도여야 한다.

패션브랜드 돌체앤가바나와 유니클로는 2015년 싱가폴, 말레이시아와 일부 태국, 유럽 매장에 여성 무슬림을 위한 '히잡(Hijab)'라인을 런칭하였다. 이 상품이 아무리 아름답다고 해도 한국에 런칭을 한다면 성공할 수 있을까?

법무부와 문화체육관광부가 발표한 자료에 의하면 2014년 11월 현재 한국의 무슬림 인구는 약 20만 명이다. 싱가폴의 경우 전체 인구 약 550만 명 중 약 14%인 77만 명이 무슬림이다. 반면 세계 최대 무슬림 국가인 인도네시아에는 약 2억 5,500만 명의 무슬림 인구가 있다. 그런데 왜 세계적인 브랜드의 히잡상품이 인도네시아가 아닌 다른 나라에서 런칭되었을까? 경쟁자의 수도 있겠지만 주된 이유는 바로 시장크기라고 할 수 있다. 인구 수가 아닌, 우리 제품을 구매할 시장의 크기가 충분한 국가에서 먼저 신제품을 런칭하는 것이다.

독자 여러분이 '창업'하고자 하는 아이템을 살 만 한 사람들이 연간 몇 명이나 될지 아래 네모 칸에 적어 보자.

3 ▸▸ 창업의 사전적 의미

한욱상·이두희·곽영식(2016)은 창업을 '살아갈 방도를 시작하는 것'이라고 정의한 바 있다. 창(創)은 '비롯하다' 또는 '시작하다'라는 뜻이며, 업(業)은 '생계, 즉 먹고 살기 위한 생계로 살아갈 방도나 형편'을 말한다.

여기서 방도를 좀 더 구체적으로 살펴보면 방법(method)과 길(way)로 나눌 수 있는데, '방법'이란 '어떻게 싸울 것인가'에 관한 의사결정이고, '길'은 '어디서 싸울 것인가'의 의사결정문제로 분류할 수 있다.

여기에서 '어떻게 싸울 것인가(방법)'의 문제는 기업을 어떻게 효율적으로 운영할 것인가에 대한 문제를 말한다. '어디서 싸울 것인가(길)'는 기업가가 선택해야 할 경쟁시장이나 사업아이템을 어떻게 선택할 것인가를 말한다. 즉, 사업의 대상이 되는 제품카테고리(product category)와 시장(market), 사업(business)을 무엇으로 할 것인지 선택하는 것을 뜻한다. 어떤 선택을 하느냐에 따라 시장의 크기도 결정되고, 경쟁자도 결정되는데, 이런 생존의 강도나 역학관계가 정해지는 의사결정을 창업에서의 '업(業)'이라고 할 수 있다.

창업: 살아갈 방도(方道)를 시작하는 것

↓

방법(方法) + 길(道)

↓ ↓

method way

(How to compete) (Where to compete)

따라서 창업은 살아남고(생존), 살아가기 위한(운영) 시장과 방법을 선택하여 시작하는 것을 말한다(한욱상 외 2016).

4 ▸▸ 창업의 실제적 의미

위에서 설명했듯, 창업은 '시작'의 의미에 무게를 둔 단어이다. 하지만 창업을 성공적으로 했다고 성공적인 사업의 유지와 운영이 보장되는 것은 아니라는 점을 명심해야 한다. 시장은 그 자리에 한결 같은 모습으로 있는 것이 아니기 때문이다. 우리가 나이가 들고 우리를 둘러 싼 환경이 변하면서 원하는 바가 달라지고 생각이 변하듯이 시장은 변화무쌍하다. 따라서 창업기업이 구사하는 방법 또한 변할 수 있다.

다시 말해, 창업은 사업의 '유지'와 '보장'을 성공적으로 할 수 있는 시장과 방법을 선택하여 시작하는 것이며, 창업하여 살아남는 방도는 변화하는 시장에서 지속적으로 '경쟁자보다 높은 고객가치를 창출하는 것'이다.

(1) 고객가치

고객은 돈은 지불하여 창업자의 상품을 구매하는데, 고객이 지갑을 열만한 상품가치가 없는 상품을 판매한다면 당연히 구매가 이루어지지 않을 것이다. 기업이 상품판매를 하면 이윤이 발생하고, 이 이윤을 바탕으로 생존에 필요한 비용을 마련하므로, 고객가치를 창출하는 것이 창업자가 해야 할 가장 핵심적인 사항이 되는 것이다.

(2) 상대적 고객가치

창업자의 상품이 고객에게 가치가 있는 것일지라도 경쟁자의 상품이 제공하는 가치보다 낮다면 창업자의 상품은 판매되지 않을 것이다. 따라서 창업자의 상품은 경쟁자의 상품보다 높은 고객가치를 가져야 한다. 이것이 창업아이템이 갖추어야 할 성공조건이다.

(3) 지속적인 상대적 고객가치

그런데 상품의 가치는 지속적으로 변화한다. 상품이 고객에게 너무 익숙해져서 낮아질 수도 있고, 상품의 가격이 상승할 수도 있고, 경쟁상품이 지속적인 개선을 통해 가치가 올라가면 창업자의 상품이 갖는 상대적 고객가치가 작아질 수 있다. 따라서 창업자는 지속적으로 경쟁사 상품보다 더 나은 가치의 상품을 고객에게 노출시키고 개선해야만 생존할 수 있다.

따라서 경쟁우위에 시간이라는 요소를 더하여 장기적으로 경쟁우위가 유지되는 고객가치를 제공하는 것이 창업성공의 기본이 된다.

> ▸ 창업하여 살아남기 위한 조건은 바로 '지속적인 상대적 고객가치'를 창출하는 것이다.
> ▸ 창업신제품개발이란 '지속적으로 상대적 고객가치를 창출하는 제품'을 만들어 내는 방법과 과정이다.

5 ▸▸ 참고문헌

▸ 윤석철(1991), 프린시피아 메니지먼타. 서울: 경문사.

▸ 한욱상 · 이두희 · 곽영식(2016), 경영학원론, 서울: 피앤씨미디어.

제 2 장

창업신제품 개발방법

- 창업하여 살아남기 위한 조건은 바로 '지속적인 상대적 고객가치'를 창출하는 것이다.
- 창업신제품개발이란 '지속적으로 상대적 고객가치를 창출하는 제품'을 만들어 내는 방법과 과정이다.

제1장에서 우리는 창업신제품이 갖추어야 할 성공조건은 '지속적인 상대적 고객가치'를 창출하는 것임을 배웠다. 제2장에서는 기존 신제품개발방법 및 고객가치 창출방법을 정리하고, 이 책에서 배울 창업신제품개발방법을 제시한다.

1 고객가치를 창출하는 기존 방법 1: TRIZ

TRIZ는 발명 과정에서 발생하는 문제를 줄이고 발명의 효과를 높이기 위해 러시아의 알츠슐러(Genrich Altshuller)가 제창한 체계적 방법론이다. 그는 특허를 받은 기존 상품이나 서비스를 분석하여 40개의 발명의 원리를 제시하였다. 이 방법은 많은 분야에서 신제품개발에 이용되고 있다. 40가지 발명원리(40 inventive principles)는 다음과 같다.

(1) 분할(Segmentation): 물체를 독립된 부분으로 나눔(예: 조립식, 분할정도 변화)

(2) 분리(Extraction): 물체의 일부 속성을 분리

(3) 국소 품질(Local quality): 물체의 각 부분이 다른 기능을 하도록 함(예: 지우개 달린 연필, 칸막이 있는 도시락 등)

(4) 비대칭(Asymmetry): 물체를 대칭에서 비대칭 구조로 변경, 비대칭 정도 증가

(5) 병합(Merging): 동일/유사 물체들을 병합(공간), 물체들의 연속적/병렬 작동(시간)

(예: 오디오세트, 네트워크 연결 PC 등)

(6) 범용성(Universality): 시스템이 여러 기능을 수행하도록 함(예: 침대용 소파, 유모차로 변환되는 어린이 자동차 안전 시트)

(7) 포개기(Nesting): 하나의 물체를 다른 물체 속에 넣기(예: 컵이나 스푼의 부피 측정, 라디오 안테나, 러시아 인형(Matreshka) 등)

(8) 평형추(Counterweight): 다른 물체와 연결하여 물체의 무게를 상쇄/상호작용케 함(예: 플래카드 지지를 위한 헬륨풍선, 건설용 기중기)

(9) 사전 예방조치(Preliminary anti-action): 특정 작용을 해야 할 경우, 사전에 이에 대한 역작용을 고려함(예: 페인트칠 하지 않을 곳을 미리 테이프로 싸기, 납으로 된 치마를 사용하여 X-선에 노출되는 부분을 가림)

(10) 사전 준비조치(Prior action): 이동시간의 낭비 없이 물체를 바로 사용할 수 있도록 편리한 위치에 배열(예: 미리 풀칠해 둔 벽지, 무디어진 부분을 잘라내서 사용하는 칼날)

(11) 사전 보호조치(Beforehand cushioning): 신뢰성이 낮은 물체에 대한 비상수단 준비(예: 예비 낙하산, 도난방지를 위한 상품의 바코드)

(12) 높이 유지(Equipotentiality): 물체가 올려지거나 내려가지 않도록 작업조건 변화(예: 자동차 수리를 위해 파 놓은 지하에 들어가 작업)

(13) 역발상/반전(Do It Reverse/Inversion): 문제해결을 위해 반대의 조치를 취함(예: 공구 대신 부품을 회전시킴, 러닝머신)

(14) 타원체(Spheroidality): 직선 대신 곡선 이용, 원심력 이용으로 직선운동을 회전운동으로 바꿈(예: 원활한 잉크 분배를 위해 볼포인트 사용, 컴퓨터 볼 마우스)

(15) 역학/유연성(Dynamics/Flexibility): 최적의 작동을 위해 물체를 변하게 함(예: 조정가능한 핸들/의자, 버터플라이 키보드)

(16) 부분적 혹은 과도한 조치(Partial or excessive actions): 주어진 해결방법으로 목표를 100% 달성할 수 없을 경우, '조금 덜' 또는 '조금 더'와 같은 방법 이용(예: 이미지 압축 기술)

(17) 다른 차원(Another dimension): 주어진 영역의 다른 차원/다층 배열을 이용(예: 평면이 아닌 공간상에서 움직이는 PT용적외선 컴퓨터 마우스, 여러 장의 CD가 들어가는 CD 플레이어)

(18) 기계적 진동(Mechanical vibration): 물체를 진동시키거나 진동 수를 증가시킴(예: 진동 날이 있는 전자 조각칼, 초음파 진동을 이용한 담석 파괴)

(19) 주기적 조치(Periodic action): 연속적 조치 대신 주기적 조치, 주기의 정도 변경(예: 연속적 사이렌을 진폭/주파수 변동하는 사이렌으로 변경)

(20) 유용한 조치의 지속(Continuity of useful action): 물체의 모든 부분이 항상 최대한으

로 작동하게 함

(21) 고속처리(Hurrying): 유해/위험한 공정을 최고속도로 수행(예: 치아를 갈아낼 때 조직이 가열되는 것을 막기 위해 드릴을 고속으로 회전시킴)

(22) 전화위복(Convert harm into benefit): 유해요소 제거를 위해 다른 유해요소를 첨가하거나 유해요인이 더 이상 유해하지 않을 때까지 그것을 강화시킴(예: 폐기물의 열을 사용하여 전기 발생시키기, 산불이 났을 때 땔감 제거를 위해 맞불을 지르기)

(23) 피드백(Feedback): 기존 피드백의 본질을 변화시킴(예: 빛 대신 전기신호를 이용한 망원경, 에너지 효율성을 위해 자동온도조절장치의 민감도 변화시키기)

(24) 매개체(Intermediary): 중간 매개체 혹은 중간 공정 사용, 쉽게 제거될 수 있는 물체를 임시로 물체에 결합(예: 못박을 때 해머와 못 사이에 사용되는 기구, 뜨거운 접시를 식탁에 옮길 때 사용되는 용기 받침)

(25) 셀프서비스(Self－service): 보조기능을 수행함으로써 물체가 자신에게 서비스하도록 함(예: 엔진의 열을 이용한 난방, 동물의 배설물을 비료로 사용)

(26) 복제/대체(Copying): 비싸고, 약하고, 이용이 어려운 물체 대신에 값싸고 간단한 복제품 이용(예: 컴퓨터를 이용한 가상현실, 세미나 참가 대신 동영상 청취)

(27) 일회용품(Cheap short－living objects): 비싼 물체를 값싼 물체로 교체(예: 기저귀의 세탁비용 없애기 위한 1회용 기저귀 사용, 모든 1회용 제품)

(28) 기계식 시스템의 대체(Mechanics substitution): 기계적 방법을 감각(빛, 소리, 냄새)을 이용하여 대체. 물체와 작용하는 전기, 자기, 전자기장 이용(예: 짐승의 침입을 막기 위해 음향 울타리로 대체함. 가스누출여부를 알 수 있도록 기계 대신 독한 냄새가 나는 성분 사용)

(29) 공기역학과 수압(Pneumatics and hydraulics): 고체 대신 기체, 액체를 이용(예: 겔(gel)로 채워진 신발 밑창, 유체 시스템에서 바퀴를 감속시킬 때 에너지 저장하여 가속 시 재사용)

(30) 연한 껍질이나 얇은 막(Flexible shells and thin films): 3차원 구조 대신 유연한 껍질이나 얇은 필름 이용. 이를 통해 물체를 외부환경과 격리(예: 물침대, 저수지의 증발을 막기 위해 띄우는 양극성 물질 필름)

(31) 다공성 소재(Porous materials): 물체를 다공성으로 만들거나, 다공성 물질 첨가. 구멍이 있는 물체에는 더 작은 구멍을 이용(예: 무게를 줄이기 위해 구조물에 타공. 수소자동차의 연료인 수소를 팔라듐 스폰지의 구멍에 저장)

(32) 색상 변화(Color changes): 물체나 외부환경의 색상, 투명도를 변화시킴(예: 암실에서 붉은 빛을 이용하여 사진 현상. 투명한 붕대)

(33) 동질성(Homogeneity): 동일한 재료/특성을 갖는 물체와 상호 작용하는 물체 생성

(예: 다이아몬드로 만든 절단도구로 다이아몬드 절단)

(34) 폐기와 재생(Discarding and recovering): 기능을 수행했거나 더 이상 필요하지 않은 물체는 증발/용해되어 없어지도록 함. 물체의 소모와 동시에 회복(예: 녹는 알약 캡슐, 잔디를 깎으면서 날이 갈리는 잔디깎기, 주행 중에 튠업 되는 자동차 엔진)

(35) 모수변화(Parameter changes): 물체의 물리적 상태/농도/유연성/온도를 변화시킴(예: 산소, 질소 수송 시 부피 줄이기 위해 액체상태로 운반, 액체비누, 의학용 표본을 저온에서 보관)

(36) 상태전이(Phase transitions): 부피변화, 열손실 등 상태전이 시 발생하는 현상 이용(예: 물이 얼면 부피 팽창. 기화열과 응고열을 이용한 열펌프)

(37) 열팽창(Thermal expansion): 물질의 열팽창 이용. 열팽창이 사용되고 있다면 다른 열팽창 계수를 갖는 여러 개의 물질 사용(예: 자동차의 리프스프링, 부품을 단단히 조립하기 위해 내부는 냉각/외부는 가열하여 조립)

(38) 강화 산화제 이용(Use strong oxidizers): 일반 공기를 산소가 많은 공기/순수한 산소로 바꿈, 공기나 산소를 이온화한 방사선에 노출(예: 잠수용 산소통, 고압산소 환경에서 환자 치료, 공기청정기에서 오염물질 고르기 위해 공기 이온화)

(39) 불활성 환경(Inert environment): 정상적 환경을 불활성 상태로 만듦. 진공상태에서 공정 진행(예: 뜨거운 금속 필라멘트 파손방지 위해 아르곤 기체 이용)

(40) 복합재료(Composite materials): 복합재료 이용(예: 가볍고 강하며 유연한 비행기 동체의 복합재료)

이 40개 발명의 원리에 의해 새로운 상품을 발명하는 상세한 응용사례는 TRIZ관련 전문서적을 이용하기 바란다.

2 ▸▸ 고객가치를 창출하는 기존 방법 2: SCAMPER

창의성교육 프로그램에서 가장 많이 활용되는 창의성사고 개발방법인 SCAMPER는 어떤 사물이나 프로세스 등을 새로운 것으로 변형하기 위해 7가지 아이디어 발굴 키워드를 활용하는 발상도구이다. 미국의 광고회사 CEO였던 알렉스 오스본(Alex Osborn)이 그의 저서를 통해 브레인스토밍 기법을 발표한 이후 1950년에 75개 항목으로 이루어진 체크리스트를 제시하였는데, 이를 1971년 교육전문가인 밥 에벌(Bob Eberle)이 보완, 발전시켜 지금의 SCAMPER로 완성되었다.

SCAMPER의 각 알파벳은 관점의 변형을 이루게 하는 단어로 이루어진다. 이 7개의 키워드에 해당하는 질문에 따라 답을 찾아가며 아이디어를 도출하는 방식으로 창의적 사고를 개발하게 된다. 즉, 브레인스토밍 기법은 사고의 제한 없이 아이디어를 마음껏 제시할 수 있는 것인데 반하여, SCAMPER 기법은 일정한 범위 안에서 문제를 정의해 놓은 후 문제를 해결해 가는, 좀 더 목표지향적인 방법이라 할 수 있다.

SCAMPER 기법의 7가지 핵심 키워드는 아래와 같다.

(1) S－Substitute(대체하기): 기존의 것을 다른 것으로 대체하는 것(예: 곤약라면, 벽지 대신 페인트 칠)

(2) C－Combine(결합하기): 두 가지 이상의 것을 합쳐서 하나의 새로운 것으로 만드는 것(예: 복합기, 스위스 군용칼)

(3) A－Adapt(응용하기): 어떤 성질이나 특징을 다른 조건이나 목적에 맞게 응용하는 것(예: 식물의 씨앗이 옷에 잘 붙는 성질을 이용한 벨크로(찍찍이), 소고기 덮밥, 카레덮밥, 닭고기 덮밥 등으로 확장)

(4) M－Modify(변형하기): 특성이나 모양 등을 확대/축소/변형시키는 것(예: 컴퓨터를 축소한 테블릿 PC, 케익을 작게 만든 컵케익, 대포를 작게 만든 화승총/크게 만든 미사일)

(5) P－Put to other use(다른 용도로 활용하기): 다른 용도로 사용될 가능성을 염두에 두어 이를 아이디어로 끌어내는 것(예: 베이킹 소다를 세제/탈취제로 사용하는 것, 3M의 포스트잇)

(6) E－Eliminate(제거하기): 일부분을 제거함으로써 새로운 것을 만드는 것(예: 뒷자리를 제거한 2인용 자동차, 버튼을 제거한 스마트폰)

(7) R－Reverse or Rearrange(뒤집기 또는 재배열하기): 기존의 순서나 모양 등을 뒤집어보거나 다시 배열함으로써 새로운 것을 만드는 것(예: 캘리포니아 롤, 서랍식 김치냉장고, 뚜껑이 아래로 향하게 세우는 케찹용기)

이 SCAPMPER는 광고회사 등에서 가장 많이 활용되는 기법이었으나 이제는 대학교 교과목에서 다루어질 정도로 일반화된 창의성 개발기법으로 활용되고 있다.

3 ▸▸ 고객가치를 창출하는 기존 방법 3: 인지심리학의 형태－색상－콘텐츠

형태－색상－콘텐츠(내용)는 인지심리학에서 대상인지의 기본적인 관찰과정이라고 오랫동안 주장되어 왔다(Wheeler, 2003). 따라서 시각적 대상에 대해 관찰을 실시할 경우, 형태－색상－콘텐츠(내용) 순으로 관찰결과를 나열하면 그 대상에 대해 많은 것을 체계적으로 관찰하여 정리할 수 있게 된다. 즉, 제품/서비스의 형태－색상－콘텐츠(내용)를 관찰하기만 하면 새로운 제품을 만들어 낼 수 있는 틀을 갖게 되는 셈이다.

형태－색상－콘텐츠 분석틀은 인지심리학의 주제이기 이전에 철학과 미학의 주제였다. 먼저 수세기 동안 세밀하게 완성된 미에 대한 개념 중 플라톤이 '티마이오스(Timaeus V)'에서 밝힌 '조화와 비례'는 피타고라스에게서 유래한 것이다. 이들은 이상적인 형태와 비례의 존재에 대해 주장하고 있다(Eco 2004). 형태에서 느끼는 아름다움과 추함에 대한 논의는 그 후 계속적으로 이루어져 13세기 토마스 아퀴나스까지 이루어진다. 미학에서 다루는 아름다움의 첫 페이지는 형태가 차지하고 있다. 화면이 색으로 분할된 몬드리안의 작품에서는 사각형의 캔버스를 네모난 형태들이 분할하고 있는데, 이는 형태만으로도 새로운 것을 다양하게 만들 수 있다는 것을 보여주는 좋은 사례이다.

색상이 미학의 주제가 된 것도 오래된 역사를 갖고 있다. 플라톤이 황금의 아름다움을 대화편에서 언급한 후에, '빛으로서의 神'이 유럽중세에서 각광받았고, 아우구스티누스가 '보기 좋은 색'으로 아름다움을 이야기 하다가, 토마스 아퀴나스가 '선명한 색'을 미의 요소로 정의내린 바 있다(창홍 2010).

콘텐츠는 우리말로 '내용'으로 해석된다. 형태와 색상을 갖춘 것은 이미지가 되고, 이미지가 함축적 내용을 담고 있는 알레고리(Allegory; 은유적으로 의미를 전하는 표현양식)가 등장했으며, 이 상징을 해석하는 도상학과 도상해석학이 비평가의 핵심활동내역이 되었다. 이런 활동의 중심에는 예술작품에 표현된 콘텐츠가 있는 것이다.

따라서 미학의 주제인 형태－색상－콘텐츠는 그 기원을 피타고라스 때부터라고 본다면 2500년 이상의 역사를 가진 평가기준이자 하나의 대상을 이루는 기본적인 구성요소인 셈이라 할 수 있다.

4 ▸▸ 고객가치를 창출하는 기존 방법 4: 미학에서 배우는 창작기법 9가지

곽영식(2013)은 미술, 음악, 건축, 영화, 공연, 문학 등의 다양한 미학적 창작기법들을 소개하고, 이 창작기법들이 실제 경영의 대상인 제품이나 서비스의 창의적 개발/기업운영과 맥을 같이하고 있음을 증명해왔다. 그가 다루고 있는 미학적 창작기법 9가지의 내용은 아래와 같으며, 이를 도식화 한 것이 [그림 2－1]이다.

(1) 더하기(Dressing): 기존의 것에 무엇인가를 더해서 새롭게 차별화된 것을 창작하는 기법으로, 이집트 복식을 들어 소개하였다.

(2) 빼기(Stripping): 기존의 것에서 무엇인가를 제거함으로써 새롭게 차별화를 달성하는 기법으로, 조선시대 한복에서 현대 한복까지의 변천을 통해 그 예를 소개하였다.

(3) 분할하기(Partition): 현재 상태를 어떤 기준으로 몇 개로 분할(partition)하느냐에 따라 새로운 것이 될 수 있음을 보여준다. 여기에서는 몬드리안의 그림을 사례로 들었다.

(4) 대체(Replacement): 기존에 사용하던 재료나 구성요소를 새로운 것으로 대체하여 새로운 것을 만드는 것으로, 물감대신 청바지의 천을 이용하여 그린 그림으로 새로운 시장기회를 연 사례를 소개하였다.

(5) 알레아토릭(Aleatorik): 기존의 것에 엉뚱한 무엇인가를 결합하여 새로운 것을 만드는 기법으로, 모차르트의 미뉴에트 작곡과정을 통해 소개하였다. 음악이 아주 엉뚱한 창작기법인 알레아토릭을 통해 환상적인 작품으로 승화되는 과정을 보여준다. 또한 이 알레아토릭이 기존 제품의 변종을 발견하는 멋진 생각의 기술임을 라면사례로 제시한다.

(6) 앰비그램(Ambigram): 기존의 것을 거꾸로 만들어 새로움을 창조하는 기법으로서, 소설가 댄 브라운의 '천사와 악마'라는 소설에서 시작하여 漢詩에서 다루어지는 회문(回文) 놀이를 사례로 소개하고 있다.

(7) 애너그램(Anagram): 기존의 것을 만드는 순서를 바꾸어 차별화를 꾀하는 기법이다. 이 기법의 사례로 델프트 자기와 우리나라 상감 등의 제조과정을 들고 있다.

(8) 묶어주기(Grouping): 기존의 것을 몇 개의 묶음으로 나누는 과정을 통해 새로운 것을 만드는 기법니다. 김홍도의 신선도와 레오나르도 다빈치의 '최후의 만찬' 사례가 grouping으로 예시되어 있다. 이 grouping을 이용하여 제품이나 서비스를 판매하는 '거래단위'의 변화를 시도할 수 있고, 이런 변화는 서비스 개선 및 비즈니스모델을 창출하는 힘이 됨을 보여준다.

(9) 반복(Repetition): 기존의 것이 일정한 시간을 두고 다시 나타나거나 동일한 것이 몇 번 동시에 나타나는 것으로, 몇 세기 동안 회귀하는 복고패션을 여기에서 다룬다. 이런 복고를 통해 과거에 사람들에게 채택되었던 과거의 것이 현대사회에 성공적으로 다시 등장할 수 있다는 믿음을 갖게 된다. 따라서 굳이 새로운 것을 창조하기 보다는 과거의 것을 살핌으로써 현재에서도 성공할 수 있다는 팁을 주고 있다.

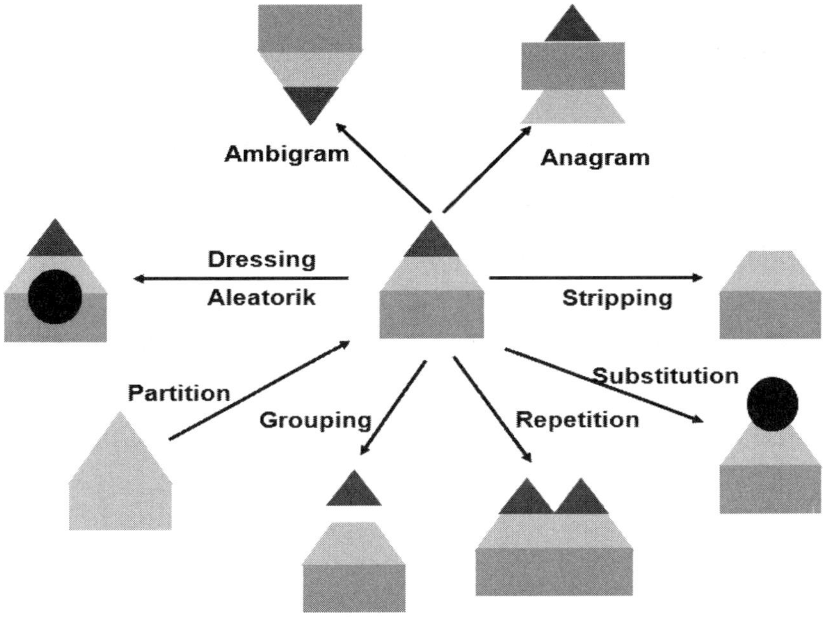

[그림 2-1] 곽영식(2013)의 9가지 미학적 창작기법

이 9가지 미학적 창작기법을 통해 미학의 주제였던 형태–색상–콘텐츠가 아름다움의 재료가 되어 기존의 것을 가공한 결과, 새로운 아름다움을 지닌 예술품이 되었음을 목격하게 된다. 또한 이런 미학적 창작기법이 경영활동에 새로운 활력을 주는 멋진 상품/조직/비즈니스개발도구가 됨을 확인할 수 있게 된다.

5 ▸▸ 이 책에서 배우는 고객가치를 창출하는 방법 12가지

독자여러분은 위에서 소개된, 기존의 4가지 고객가치 창출방법에서 유사성을 발견했을 것이다. 이후부터는 인지심리학의 주제였던 형태–색상–콘텐츠 기법과 미학적 창작기법 9가지를 바탕으로 8가지의 신제품 개발방법에 대해 설명하고, 이를 연습을 통해 익히도록 해보자.

6 ▸▸ 참고문헌

- 곽영식(2013), 창업을 위해 미학에서 배우는 신제품개발: 서울: 피앤씨미디어.
- 김위찬 · 그레 마보안(2005), 블루오션전략, 서울: 교보문고.
- 김호종(2007), 실용트리즈의 창의성과학, 서울: 두양사.
- 김효준(2009), 창의성의 또 다른 이름 트리즈, 서울: 인피니티북스.
- 박강 · 김병재 · 장혁수 · 김영욱 · 박용원(2005), 공학문제해결의 길라잡이: 창의공학, 서울: 인터비젼.
- 알트슐러, 겐리흐(2005), 그러자 갑자기 발명가가 나타났다. 서울: 인터비젼. 박성균 옮김.
- 진중권(2008), 진중권의 서양미술사: 고전예술편, 서울: 휴머니스트.
- 창홍(정유희 옮김), 미학산책: 소트라테스에서 소쉬르까지, 서울: 시그마북스.
- 한욱상, 이두희, 곽영식(2016), 경영학원론, 서울: 피앤씨미디어.
- Schmitt, B. and Brown, L.(2001), Build your own garage: Blueprints and tools to unleash your company's hidden creativity. NY: Free Press.
- Eco, U.(2004), History of Beauty, Lizzoli.
- Gage, J.(1993), Color and Culture, LA: UC Berkely.
- Gage, J.(1999), Color and meaning: Art, Science, and Symbolism, LA: UC Berkely.
- Goethe, J.W.(1970), Theory of colours, MIT Press. (1840년 London 출판본을 재출판).
- Seckel, A.(2004), Master of deception: Escher, Dali & the artists of optical illusion. NY: Fall River Press.
- Wheeler, A.(2003). Designing brand identity, NY: Wiley.

제 2 부

창업신제품 개발기법

제2부에서는 가치창조를 위해 실제 적용할 수 있는 8가지 기법에 대한 원리를 설명하고 사례를 제시했으며, 창업자들이 실제 연습할 수 있도록 하였다.

제 3 장
형태를 이용한 가치창조

► 고객 눈에 보이는 형태에 변화를 주면, 고객은 상품을 새롭게 본다.

제2장에서 고객가치를 창출하는 신제품개발기법을 소개하였다. 제3장에서는, 이 중 형태의 변화를 주어 고객가치를 변화시키는 사례를 제시하고, 독자들이 스스로 연습할 수 있는 공간을 제공한다.

형태의 변화가 필요한 것은 형태의 변화가 기이함과 새로움을 증가시키기 때문이다. 인지심리학이나 미학에서는 형태(shape)를 구성하는 하위개념으로 1) 크기(size), 2) 도형적 실루엣(silhouette), 3) 비례감(proportion), 4) 대칭(symmetry)이 논의되고 있다(Schmitte and Simonson, 1997). 이제 이 네 가지 기준을 변화시켜 새로움을 증가시켜 보자.

1 ▸▸ 크기(size)의 변화

크기의 변화는 용량이나 무게의 변화를 동시에 일으킨다. 크기, 용량, 무게의 변화는 관찰자의 시각에 자극을 주어 새로움으로 인식된다.

아리스토텔레스가 '아름다움은 크기와 질서가 잡힌 배열에 근거한다'고 주장했으니, 크기가 미학적 요소라는 주장은 2300년이 넘는 역사를 가졌다(창홍 2010). 건축이나 미술에서 크기에 변화를 주어 새로움이 창작된 사례를 보자.

- 나폴레옹 1세는 로마에 있는 콘스탄티누스대제의 개선문(높이 20m)을 본 따서 카루젤 개선문(Carrousel triumph arch)을 만들었다. 크기가 비슷하다. 하지만 사람들은 이 카루젤 개선문(높이 14.6m)에 대해서는 별로 주목하지 않는다. 상젤리제 거리 어디서나 볼 수 있는 나폴레옹의 개선문(에투알 개선문 Etoile triumphal arch: 높이 50m)은 기존 개선문보다 훨씬 크기 때문에 사람들은 '파리의 개선문' 하면, 먼저 세워진 카루젤 개선문보다는 에투알 개선문을 떠올린다.
- 미국의 대표적인 조각가 겸 팝 아트 작가인 클래스 올덴버그(Claes Thure Oldenburg)는 13m나 되는 빨래집게 이외에도 쓰레받기와 빗자루, 도장, 감자칩, 배드민턴 공, 체리 등 일상의 오브제를 거대한 사이즈로 확대하여 작품을 만들었다. 매우 큰 사이즈의 작품은 관객에게 시각적, 심리적 충격을 주었고, 그의 설치작품은 성공했다.
- 송나라 수도였던 개봉의 청명절을 그린 '청명상하도'는 그 그림의 길이가 5m가 넘는다. 그 그림의 일부를 다시 확대하여 북경수도공항 출입국 심사대 옆에 전시해 놓았는데, 입국장에 들어서는 외국인은 풍경화의 크기에 놀라게 된다.

평소에 기억하고 있는 제품이나 서비스의 크기에 비해 새로운 것의 크기가 매우 크거나 작을 경우, 고객의 기대범위를 초과하거나 너무 작아서 고객에게 놀라움을 주고, 주목을 받게 된다. 이와 같이 창업자나 경영자는 기존상품의 크기를 변화시킴으로써 신제품을 시장에 내놓게 된다(곽영식 2013).

- 조총이나 화승총은 대포의 발포원리를 가진 조그만 대포였다. 화승총은 대포를 본받았기 때문에 장전을 앞에서 한다.
- 100년 전 한성신보에 비해 현재 신문지의 크기는 더 크다
- 서울의 한 베이커리에서는 기존 팥빵의 15배나 되는 재로로 만든, 지름 30cm의 팥빵을 출시한 바 있다. 이 베이커리에서는 기존제품의 1/4 정도만 되는 미니식빵을 출시하기도 하였다.

[그림 3-1] 서울의 한 베이커리에서 만든 지름 30cm 팥빵과 평범한 팥빵

- 맥도날드 햄버거와 차별화를 하기 위해 버거킹은 햄버거의 크기를 크게 하고 이름도 와퍼(whopper)라고 부른다.
- 비행기는 크기에 따라 관제탑에서 부르는 이름이 다르다.
- 통상적으로 와인병의 크기는 750ml이다. 에어프랑스에서 이코노미석 승객에게 제공되는 와인병의 크기는 250ml이다. 750ml의 2배인 1.5리터 용량의 와인을 매그넘(magnum), 4.5리터 용량의 와인을 제로보암(jeroboam)이라고 부른다.

위의 사례에서 보듯이 기존 형태에서 크기(size)의 변화만으로도 고객들의 관심을 끌 수 있고, 경쟁사와의 차별화가 가능해 진다. 따라서 크기, 용량, 무게를 기준으로 변화를 주어 새로운 상품을 시장에 선 보일 수 있다.

► 독자 여러분은 스타벅스 매장에서 커피를 주문할 때, 커피용기의 크기를 질문하는 종업원을 만나 보았을 것이다. 인터넷 검색을 통해 스타벅스에서 제공하는 커피 용기크기를 찾아 나열하고, 이 용기크기 이외에 다른 크기를 가진 새로운 용기크기를 제시해보자.

► 이 새로운 용기크기를 좋아하여 구매할 만한 사람들이 누구일지 적어보자.

► 독자 여러분은 옷을 구매할 때 사이즈를 볼 것이다. 인터넷 검색을 통해 유럽, 미국, 한국의 옷 사이즈 분류를 찾아 나열하고, 이 크기 이외에 다른 크기를 가진 새로운 옷 사이즈를 제시해보자.

► 이 새로운 사이즈의 옷을 좋아하여 구매할 만한 사람들이 누구일지 적어보자.

► 인터넷 검색을 통해 TV의 사이즈 분류를 찾아 나열하고, 이 크기 이외에 다른 크기를 가진 새로운 TV 사이즈를 제시해보자.

► 이 새로운 사이즈의 TV를 좋아하여 구매할 만한 사람들이 누구일지를 적어보자.

► 인터넷 검색을 통해 각 회사가 판매하는 라면의 용량을 찾아 나열하고, 이 용량 이외의 새로운 라면용량을 제시해보자.

► 이 새로운 사이즈의 라면을 좋아하여 구매할 만한 사람들이 누구일지를 적어보자.

2 ▸▸ 도형적 실루엣(silhouette)의 변화

실루엣(silhouette)은 '창문에 비친 사람의 그림자' 또는 '불빛에 비친 물체의 그림자'의 사전적 의미를 갖는다. 회화에서는 18세기 무렵, 검은 종이를 가위로 잘라 엷은 색 대지(臺紙) 위에 붙인 옆모습의 초상화를 일컫는 말이었다. 또한 복식용어로 사용되는 경우에는 복장의 세부적인 부분의 디자인을 제외한 윤곽 또는 외형을 말한다. 따라서 실루엣은 옷의 전체적인 외형 윤곽을 뜻한다. 이러한 의미에서 유추할 수 있듯이, 실루엣은 일반적으로 모든 사물의 외곽선을 지칭하는 말이 되었고, 현재는 인물 또는 사물의 외관을 대충 나타낸 그림을 가리키게 되었다(네이버 2016). 이와 같이 실루엣은 여러 분야에서 사용되는 말이다.

이것을 도형의 외형, 윤곽이라는 의미에서 사용한다면, 도형적 실루엣이라고 부를 수 있다. 도형적 실루엣은 세모, 네모, 원형의 기본적인 형태와 그 변형을 일컫는다(곽영식 2013). 이 책에서는 일반 도형적 실루엣에서 신제품 개발을 시도하는 내용과 제품실루엣을 변화시키는 내용만을 소개하고자 한다.

[그림 3-2] 세 가지 도형적 실루엣

> 신제품 개발원리:
> 평소에 기억하고 있는 제품이나 서비스의 도형적 실루엣에 비해 새로운 것의 실루엣이 너무나 다르면, 고객은 이 새로운 형태에 주목하게 된다.

2.1 차별화된 도형적 실루엣의 제공

기존 제품에서 기본형 도형적 실루엣을 달리함으로써 새로운 제품을 시장에 내 놓은 사례도 많다.

- 처음으로 시장에 등장한 햇반은 동그란 형태였다. 이 후 네모형태의 햇반이 추가되었다.
- 컵라면은 시장에 처음 나올 때는 원통형이었으나 한국야쿠르트는 도시락이라는 네모형의 즉석라면을 선보였다.
- 김밥은 본래 동그란 것인데, 편의점에서는 삼각형의 김밥을 판매한다.
- 너구리라는 농심의 라면은 기존의 네모난 면과는 차별적인 동그란 형태의 면을 가졌다.
- 아이스크림은 형태가 없기 때문에 아이스크림이 담아지는 용기의 실루엣이 제품에 대한 고객의 주관적 가치를 결정하게 된다. '투게더'라는 아이스크림은 위에서 보면 원형이고 옆에서 보면 사각형의 모형을 가졌다. '엑셀런트'라는 아이스크림은 사각모형의 포장을 사용한다.
- 일본과 한국에서는 아이스크림을 아이스크림과 빙과류로 나눈다. 이 중 빙과류는 빙수, 샤베트, 비닐용기 아이스(한국의 쭈쭈바 계통) 등으로 구분된다. 비닐용기 아이스는 내용물의 차이가 아니라 용기형태의 차이로 분류된 것이다.

독자는 아래 연습장을 통해 네모 세모 동그라미의 기본형태를 변화시켜 보자.

- 시중에서 판매되는 벽걸이 시계의 형태를 아래 적거나 그려보자.

- 새로운 실루엣의 벽걸이 시계형태를 적거나 그려보자.

► 시중에서 판매되는 떡볶이의 떡 형태를 아래 적거나 그려보자.

► 새로운 실루엣의 떡볶이 떡 형태를 적거나 그려보자.

2.2 차별화된 제품 실루엣의 제공

기존 제품의 실루엣과 다른 실루엣으로 포장만 달리해도 새로운 제품으로 인식시킬 수 있다. 즉, 동일한 산업 내에서 자신의 상표만이 갖고 있는 독특한 도형적 모형으로 시장에서 쉽게 각인되고 성공한 사례도 많다.

► 앱솔루트 보드카의 독특한 병모양은 이 보드카의 미국 내 성공요인으로 뽑힌다.
► 샤넬 No. 5의 독특한 포장모양 때문에 향수에 관심있는 여성들은 멀리서도 이 상품을 알아볼 수 있다.
► 빙그레의 바나나 우유는 용기 모양만 보아도 바나나향 우유임을 소비자가 알 수 있다.
► 애플의 개인용컴퓨터의 모양새는 IBM사의 pc와는 완전히 차별화된 모양을 갖고 있다.
► 코카콜라의 병 모양을 멀리서 보기만 해도 코카콜라인 것으로 인식할 수 있다.
► 와인 잔은 지역별, 와인 종류별로 독특한 모양을 갖추고 있어서 고객의 마시는 즐거움을 배가 시킨다. 보르도 와인 잔에 비해 부르고뉴 와인 잔은 와인잔의 몸통부분이 통통하다. 레드와인잔에 비해 화이트와인잔은 상대적으로 날씬하다. 스파클링 와인잔은 아주 슬림하고 길쭉한 형태를 갖고 있다.

[그림 3-3] 보르도 레드와인잔, 부르고뉴 레드와인잔, 화이트 와인잔, 스파클링 와인잔 (출처: 리델(Riedel))

보르도 와인 병의 모습을 기준으로 부르고뉴 와인병은 상대적으로 몸통이 통통하고, 독일 와인병 중 라인가우에서 생산되는 와인병은 아주 슬림하고 키가 크다. 반면에 독일 프랑켄와인 중 일부는 프랑스와인이나 이탈리아와인과는 달리 염소오줌통의 모양을 갖고 있다([그림 3-4] 참조). 이탈리아의 키안티 클라시코의 옛모습을 보면 항아리 단자에 들어 있는 듯한 모습을 보인다([그림 3-5] 참조).

[그림 3-4] 독일 프랑켄 와인 중 뷔르츠베르크에서 생산되는 앞은 동그랗고, 옆은 얇은 독특한 병모양의 와인

[그림 3-5] 키안티 와인 중 가장 왼쪽이 옛 키안티 클라시코 와인 병

[그림 3-6] 독일의 다양한 맥주 모양과 맥주 잔 모양

와인의 사례에서 보았듯이 상품이 액체인 경우에는 상품을 담는 용기 실루엣의 변화를 통해 고객의 흥미를 불러일으킬 수 있고, 기존 상품과 차별화할 수 있기도 하다. 따라서 상품이 액체인 맥주나 향수 등은 용기 차별성으로 많은 고객의 시선을 잡을 수 있다.

독일 등 유럽맥주의 경우에는 상표별로 다양한 맥주병 모양과 그 상표의 맥주만을 위한 맥주잔이 준비되어 있다. 벨기에의 Kwak, La Corne 이라는 맥주는 나무 받침대가 없으면 세우지 못하는 맥주잔을 제공한다.

[그림 3-7] 벨기에 맥주 Kwak과 La Corne의 맥주 잔 모양

► 시중에서 판매되는 향수 상표를 인터넷에서 찾아서 아래에 적어보자.

► 해당상표별로 대표적인 향수 용기의 모양을 적거나 그려보자.

► 새로운 실루엣의 향수용기를 적거나 그려보자.

► 시중에서 판매되는 아이스크림 상표를 인터넷에서 찾아서 아래에 적어보자.

► 해당상표별로 대표적인 아이스크림 용기의 모양을 적거나 그려보자.

► 새로운 실루엣의 아이스크림을 적거나 그려보자.

► 시중에서 판매되는 껌 상표를 인터넷에서 찾아서 아래에 적어보자.

► 해당상표별로 대표적인 껌 용기의 모양을 적거나 그려보자.

► 새로운 실루엣의 껌을 적거나 그려보자.

3 ▸▸ 비례감

인간이 눈으로 바라보는 구성요소간의 수학적 비례가 존재한다. 사람들이 아름다움이나 안정감을 느끼는 것은 관찰대상이 황금비율(golden ratio)을 갖추고 있을 경우가 많다. 따라서 이 황금비율이나 기존 제품카테고리 구성요소간의 비례감이 깨지거나 황금비율에 가까워 질 때 사람들은 주목하게 된다.

- 서예에서 서체의 변화는 기본적으로 가로와 세로의 비율 변화로도 설명할 수 있다.
- 레오나르도 다빈치는 고대 로마의 건축가인 비트루비우스가 주장한, '인체의 중심은 배꼽이며, 팔다리를 펼치고 누웠을 때 배꼽을 중심으로 삼아 컴퍼스를 사용하여 원을 그리면 손과 발끝이 원에 내접하며 정사각형으로도 된다'라는 글을 읽고 이것을 그렸다. 이런 비례감에 대한 집착은 20세기로 진전되면서 무너져 갔다.
- 통일신라시대 부처님의 머리와 몸의 비율에 비해 고려시대에는 상대적으로 머리비율이 커진다.
- 북경의 예술촌인 따산쯔(大山子)에는 유독 사람형상 중에서 머리와 몸의 비례감을 왜곡시킨 작품이 많다. 어느 작품은 머리가 유난히 크고, 어느 작품은 몸을 확대 왜곡시키고 있다.

[그림 3-8] 북경의 예술촌인 따산쯔(大山子) 전시물 중 비례감을 이용한 작품

이렇게 기존 제품이 갖고 있던 구성요소간의 기존 비례감을 버리고 변화시킴으로써 새로운 제품을 만들어 내는 활동을 통해 고객에게 새로움을 줄 수 있다(곽영식 2013).

- ► 냉장고의 냉동실과 냉장실의 비율은 시대에 따라 달라졌다. 처음에는 냉장실이 큰 제품이 많았으나, 최근에는 냉동실이 전체 냉장고에서 차지하는 비중이 높은 제품이 많아졌다.
- ► TV는 가로와 세로의 비율변화만으로도 새로운 스타일의 제품을 양산해 왔다.
- ► 핸드폰에서 가로본능은 기존 세로형태 비례감을 역전시켰다.
- ► 스티브 잡스가 사망한 뒤, 아이폰의 비례감은 황금비율에서 상당히 멀어져 갔다. 황금비율에서 세로가 길어지거나 커지는 제품(아이폰 5), 가로가 길어졌다.
- ► 만화를 그리는 사람들은 어린아이를 그릴 때 특히 머리를 크게 하여 귀여움을 삽입한다.

구성요소 간의 구성비율변화가 신제품개발의 원천일 수도 있다.

- ► 탄산음료는 설탕과 탄산이 얼마의 비율로 합해져 있느냐에 따라 제품이 달라진다.
- ► 향수는 알코올과 향을 내는 물질간의 비율의 차이로 향수분류가 이루어진다.
- ► 일본과 한국은 아이스크림을 크게 아이스크림류와 빙과로 구분하는 편이다. 아이스크림 류에는 아이스크림(우유고형분 15퍼센트 이상, 유지방 8퍼센트 이상), 아이스밀크(우유고형분 10퍼센트 이상, 유지방 3퍼센트 이상), 락토라이스(우유고형분 3퍼센트 이상)가 있다.

► 시중에서 판매되는 냉장고의 냉동실과 냉장실의 용적비율을 인터넷에서 찾아서 아래에 적어보자.

► 냉장고의 냉동실 또는 냉장실의 비율을 크게 한 후, 그 신제품을 누가 살지, 왜 살지를 적어보자.

4 ▸▸ 대칭

기존 제품이 대칭적이면 비대칭으로, 기존제품이 비대칭이면 대칭을 찾음으로써 새로운 제품을 만들 수 있다. 좌우 대칭이나 상하 대칭을 파괴함으로써 새로운 제품을 설계할 수 있다. 사람들의 시각은 대칭을 이루고 있는 형태에서 안정감을 찾기 때문에 비대칭을 이루는 형태에서 진기함을 느끼게 된다.

[그림 3-9] 바퀴 크기의 대칭이 비대칭이 된 경우 (출처: 삼천리자전거, Abici Italia)

► 본래 양쪽 소매가 모두 있거나 모두 없어야 하는 드레스가 일반적인데, 소매의 한 쪽을 없앤 드레스를 입으면 눈길이 가게 된다.

► 아이돌 가수들이 한 쪽 머리만을 길러서 염색하고, 반대편머리는 짧게 처리함으로써 관객의 눈을 사로잡는다.

한 덩어리로 된 제품에 대칭감을 주어 새로운 제품으로 만들 수 있다.

► 마이크로소프트(Microsoft)는 가로로 긴 모양이 기본인 컴퓨터 키보드를 반으로 접어 편리하게 휴대할 수 있는 신제품을 내놓았다.
► 기존 냉장고는 냉장실과 냉동실 문이 한쪽으로만 열렸던 것에 반해 최근 출시되는 냉장고는 양문형이 대부분이다.

► 시중 음식점에서 주문할 수 있는 단품요리를 하나 선택하여 적어보자.

► 그 요리의 구성요소를 적어보자.

► 그 구성요소의 비율을 달리하고, 그 새로운 상품을 좋아할 만한 사람들을 적어보자.

► 베스킨 라빈스 31의 판매 아이스크림 중 하나를 선택하자.

► 그 메뉴의 구성요소를 적어보자.

► 그 구성요소의 비율을 달리하고, 그 새로운 아이스크림의 이름을 만들어보자.

► 새로운 아이스크림을 좋아할 만한 사람들이 누구일지 적어보자.

5 ▶▶ 참고문헌

- 곽영식(2013), 창업을 위해 미학에서 배우는 신제품개발: 서울: 피앤씨미디어.
- 로라 B. 와이스(2013), 아이스크림의 지구사, 서울: 휴머니스트.
- 진중권(2008), 진중권의 서양미술사: 고전예술편, 서울: 휴머니스트
- 창홍(정유희 옮김), 미학산책: 소트라테스에서 소쉬르까지, 서울: 시그마북스.
- 한욱상·이두희·곽영식(2016), 경영학원론, 서울: 피앤씨미디어.
- Schmitt, B. and Simonson, A.(1997), Marketing Aesthetics, NY: Free Press.
- Schmitt, B. and Brown, L.(2001), Build your own garage: Blueprints and tools to unleash your company's hidden creativity. NY: Free Press.
- Eco, U.(2004), History of Beauty, Lizzoli.
- Seckel, A.(2004), Master of deception: Escher, Dali & the artists of optical illusion. NY: Fall River Press.
- Wheeler, A.(2003). Designing brand identity, NY: Wiley.

제 4 장

색상을 이용한 가치창조

> ▸ 고객 눈에 보이는 색상에 변화를 주면, 고객은 상품을 새롭게 본다.
> ▸ 기존 상품에 있던 색상을 없애거나 기존 상품에 없던 색상을 추가한다.

TRIZ의 32번째 발명원리는 색을 변화시킨다(color change)는 것이다. 제3장에서는 형태의 변화를 주어서 고객가치를 변화시키는 사례를 제시하고, 독자들이 스스로 연습할 수 있는 공간을 제공한 바 있다. 제4장에서는 고객이 보는 것 중 색상에 집중하여 신제품을 개발하는 과정을 학습한다.

아이돌그룹을 보면, 머리카락의 색을 염색한 것을 흔히 발견할 수 있다. 한국사람들은 거의 대부분 검은색이나 짙은 갈색의 머리카락 색을 가졌으므로, 염색을 통해 금발이나 빨간색 등 유채색으로 머리카락의 색상을 바꾸면, 관찰자인 대중의 눈에 쉽게 띄게 된다.

창업자도 기존제품의 색상을 변화시키기만 해도 고객에게 새로운 이미지나 가치를 제공할 수 있게 된다. 이 장에서는 단색 변화를 시도하는 경우와 경쟁사 상품 대비 색상 변화를 통해 상품을 변화시키는 것을 학습하고, 창업자들이 스스로 색상을 변화시키는 연습의 기회를 제공한다.

1 ▸▸ 단색상의 변화

단순히 색상을 변화시켜 새로운 제품을 만들어 내는 경우가 있다. 이렇게 만들어 낸 신제품은 차별적인 가격을 매길 수 있는 근거가 된다. 색상을 이용한 다양한 상품개발의 사례를 분류해 본다.

1.1 단순 선택의 폭을 확대한 경우

기존 색상에 다른 색상을 가미함으로써 고객기호별 선택의 폭을 확대하는 경우가 신제품을 개발하는 방법 중 하나이다.

- 무채색(검은색 및 흰색 등)을 사용하던 아이폰이 다양한 색상의 제품으로 확대된 경우.
- 백색가전이라고 불리울 정도로 흰색 일색이었던 가전제품이 최근에는 다양한 색상과 문양을 자랑한다.
- 제품생산의 초기에는 단순히 상품 스타일은 동일하고 색상의 숫자를 늘려서 진열공간점유율을 높이고, 이를 통해 매출을 상승시키려는 많은 노력이 있어왔다([그림 4-1] 참조).
- 자동차를 구매하려는 고객이 매장을 방문하면, 카탈로그에서 다양한 색상의 차량색상 중 하나를 선택할 수 있게 되어 있다.
- 노란색으로 출발한 형광펜은 주황색, 분홍색, 녹색 등 다양한 색상으로 판매된다.
- 크레용, 물감, 색연필 등의 포장단위는 몇 개의 색상을 선택하느냐에 따라 구분된다.
- 프로야구 포수 중에는 투구리드에서 투수가 더 잘 볼 수 있도록 손에 매니큐어를 바르는 경우가 있다.

Ezio Plug&Sign

Apple iPod

[그림 4-1] 기본상품에 장착색상만을 변화시킨 제품의 사례

► 독자가 생각하는 김밥을 구성하는 색상들은 무엇인지 아래에 적어보자.

► 위에 적은 색상 이외에 어떤 색상을 넣으면 재미있을지 적어보자.

► 새로운 색상을 만들기 위한 재료를 적어보자.

► 새로운 색상으로 만들어진 김밥을 좋아할 만한 사람들에 대해 적어보자.

► 독자가 창업하고자 하는 아이템의 대표색상을 아래에 적어보자. 만약에 기술제품이라도 그 제품의 포장 등 고객의 눈에 들어오는 색상을 적어보자.

► 그 색상이외에 어떤 색상을 넣으면 새롭게 느껴질 지 적어보자.

► 새로운 색상을 만들기 위한 재료를 적어보자.

► 새로운 색상의 제품을 좋아할 만한 사람들에 대해 적어보자.

1.2 색상 변화가 상표의 변화를 보여주는 경우

상품이 차별화되어 있지 않은 경우에는 색상을 부여함으로써 기존 상표와 다른 상표를 개발할 수 있게 된다.

- ► 콜라는 검은색이다. 본래 탄산수에 설탕처럼 단 물질을 첨가한 것이 사이다였다. 사이다에 검은 색소를 첨가한 것이 콜라이다. 무색 사이다에 노란색을 넣으면 멕시코의 노란색 콜라, 주황색을 넣으면 오렌지맛 환타, 보라색을 넣으면 포도맛 환타가 된다.
- ► 휘발유는 본래 색상이 없으므로 각 정유판매회사는 색상으로 차별화를 시도한다. 빨간 주유소는 SK, 파란 주유소는 현대오일뱅크, 노란주유소는 s-oil를 나타낸다.
- ► 다른 보드카는 색상이 있는 병을 사용하는 경우가 많았다. 앱솔루트 보드카는 일부러 색상을 없애서 투명한 용기에 담아 판매를 한다.
- ► 소주의 병은 녹색, 맥주병은 갈색이 많다. 하지만, 제주도에서 판매하는 한라소주는 색상을 없앤 투명한 병에 넣어 판매한다.
- ► 우리나라 아이돌 그룹의 팬클럽은 그들만의 독특한 색상으로 자신이 좋아하는 그룹을 응원한다.
- ► 새누리당은 전통적 보수층이 사용하던 파란색을 버리고 빨간색을 채용하여 2012년 총선에 사용했다.
- ► 네이버와 다음은 모두 포털사이트이다. 두 상표 간 서비스의 차이가 거의 없기 때문에 색상으로 고객기억 속에 상표를 심어 넣으려한다. 네이버는 초록색, 다음은 네 가지 색상을 사용한다.

[그림 4-2] 서비스 차별화 대신 색상차별화를 시각적으로 제시한 포털사이트들

► 독자가 창업하고자 하는 아이템의 대표적인 경쟁사를 하나 선택해보자. 그 경쟁사의 상표 색상을 아래에 적어보자.

► 그 색상이외에 어떤 색상을 추가하거나 변경하면 좋을지와 그 이유를 적어보자.

► 독자의 상표색상은 어떤 것으로 하는 것이 좋을지와 그 이유를 적어보자.

1.3 색상 변화가 품질의 차이를 느끼게 하는 경우

색상이 달라지면 품질이 달라지고, 고객이 지불하고자 하는 가격이 달라지게 된다. 아래 사례는 색상을 달리해서 품질차이를 고객에게 제시한 사례이다.

► 금의 색은 18k, 24k인가에 따라 달라진다. 그리고 가격이 달라진다. 럭셔리 주얼리 브랜드 까르띠에(Cartier)의 금반지는 '로즈골드'라고 하여 일반적인 금색보다 약간 장밋빛을 보여주는데, 일반 금보다 당연히 비싸게 판매한다.

► 파이프와 파이프를 연결하는 고리를 생산하는 어느 업체의 제품은 1) 단순 페인트칠을 한 경우, 2) 얇게 도금한 경우, 3) 두껍게 도금한 경우로 진행할수록 색상이 다양하다. 색상의 차이를 통해 품질의 차이를 암시하고, 이 색상의 차이에 따라 가격을 달리 매긴다.

► 아이폰 시리즈 중에서 일부러 금색을 사용한 몸통을 제공함으로써 더 비싼 가격에

판매한 사례가 있다.

- 2010년 통영국제음악제의 팜플렛을 보면, 각 프로그램이 색상으로 표시되어 있고, 그 색상별로 입장료가 모두 다름을 알 수 있다. 이병우씨와 임동혁씨의 섹션은 짙은 분홍색으로 되어 있는데, 최고가의 입장료가 10만원이다. 반면에 '음악+음악극: 에코'라는 작품은 오렌지색으로 되어 있고 최고가가 3만원이다.
- 2015년 현대카드가 주최했던 폴 매카트니 콘서트에서는 좌석등급을 9개로 나누어 각 좌석등급에 색상을 지정하였다. 각 색상은 티켓, 좌석배치 안내도, 현장의 구역별 안내요원의 옷에 사용하여 현장에서 관람객과 공연장 관리의 효율을 높이는 데 활용되었다.

- 독자가 창업하고자 하는 아이템의 대표적 경쟁자가 생산하는 제품 중 색상차이가 품질차이를 보여주는 사례를 찾아 적어보자.

- 그 색상분류 이외에 어떤 색상을 고객에게 더 보여주면 좋을지와 그 이유를 적어보자.

- 독자의 창업아이템에 어떤 색상의 종류를 사용하면 좋을지와 왜 그렇게 생각했는지를 적어보자.

1.4 색상 변화가 내용을 차이를 보여주는 경우

고객에게 보여주는 색상이 다르면 상품내용의 변화나 차이가 있음을 암시하는 경우가 있다. 이를 통해 고객에게 내용정보를 전달할 수도 있다.

- 색상이 신분의 차이를 보여줄 수 있다. 폼페이 유적에서 발견된 프레스코화를 보면, 로마 하층민이 갈색의 직물로 된 옷을 입고 있다. 반면 부자들은 흰색 토가(길고 펑퍼짐한 옷)를 입었다. 원로원 의원들은 '라티클라부스'라는 폭넓은 자주색 띠를 토가 위해 둘렀다. 군인들은 '안구스티블라부스'라는 자주색의 좁은 띠를 하얀 튜닉 위에 둘렀다(네이버 2011).
- 색상이 서비스의 차이를 보여줄 수 있다. 일반택시와 모범택시 차체 색상이 달라 고객이 택시를 잡을 때 검정색 택시를 타면 일반택시보다 상대적으로 좋은 차를 타고 이동할 수 있으며 택시비가 비싸게 나올 것이라는 것을 미리 예상할 수 있다.
- 아이스크림 색상의 기본색을 연한 노란색이 약하게 보이는 바닐라 색으로 많은 사람들이 생각한다. 그래서 이 색상보다 더 진한 색상을 쓰거나 다른 색을 사용하면 고객들은 바닐라 맛이 강해지거나 다른 재료가 삽입되어 다른 맛을 가질 것을 미리 예상한다.
- 와인을 색상별로 분류하면, 레드와인, 로제와인, 화이트와인으로 분류할 수 있다. 이 색상에 따라 제조방법이 모두 다르다는 것을 와인을 마시는 사람은 안다. 또한 여기에서 맛의 차이가 발생한다.
- 다양한 맛과 향을 가진 차를 생산하는 차(tea) 브랜드들은 차의 맛과 재료에 어울리는 색상으로 포장지에 적용한다. 이로써 소비자들은 미리 마셔보지 않더라도 포장지의 색상을 보고 어느 정도 맛을 예상할 수 있다.

[그림 4-3] 차 브랜드 로네펠트(Ronnefeldt)가 포장의 색상변화를 통해 맛을 암시한 경우

► 색상의 차이로 내용물의 차이를 보여주는 사례를 아래에 적어보자.

► 그 색상이외에 다른 어떤 색상을 고객에게 보여주면 또 다른 내용물인지를 암시할 수 있을 지를 생각해 보자. 색상별로 어떤 내용물을 나타내는 지 적어보자.

► 독자의 창업아이템에 색상변화를 입힌다면 어떤 색상들을 입히고 그를 통해 어떤 차이를 보여줄 수 있는 지 적어보자.

위와 같이 단순한 색상변화로만으로 충분한 매출을 올릴 수 있는 제품을 개발한다면 창업자는 어떤 면에서는 수월하게 성공한 것이다. 이제 경쟁사 대비 색상의 변화에 대해 논의해 보자.

2 ▸▸ 경쟁사 대비 색상 변화

제품차별화가 쉽지 않은 상표의 경우에는 색상차별화가 창업자가 고려해야 할 경쟁수단 중의 하나가 된다.

2013년도에 위버제네시스라는 회사는 천연재료의 발효를 이용해 추출한 간기능개선제를 만들었다. 이 회사는 어느 색상을 사용하여 제품이나 포장에 이용해야할까라는 고민을 하고 있었다. 이 회사는 색상환에 기존 간기능 개선제들의 색상을 배치하고서는 이 배치도에 나타난 경쟁사의 색상을 피하기로 결정하였다. 위버제네시스가 신제품에 기존제품과 비슷한 색상을 사용할 경우에, 후발업체이므로 제품이 진열된 상태에서 다른 제품과의 식별이 거의 불가능할 것이다. 만약 위버제네시스가 단색의 제품포장을 원하는 경우, 아래 제시된 색상환 중에서 다른 경쟁제품들이 사용하지 않은 색상을 사용하거나, 무채색을 사용하는 것이 유리할 것이다.

이 기업은 흰색 바탕에 연두색으로 제품명을 표기하여 경쟁제품과의 차별화를 꾀하면서도 기존 경쟁제품이 사용하는 녹색계열도 사용함으로써 이질성을 피하는 전략을 취하였다.

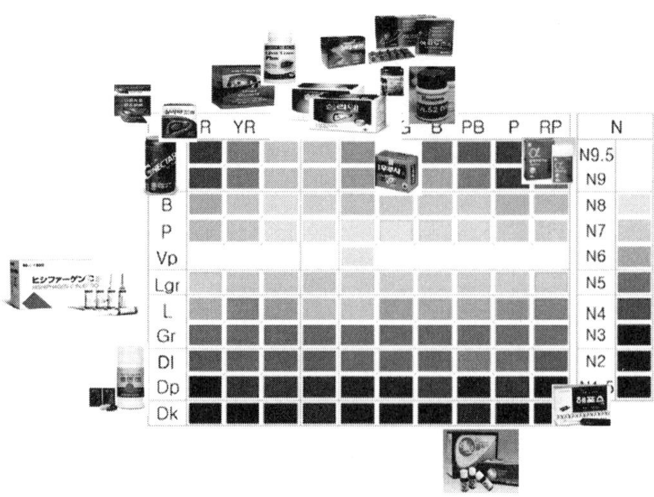

[그림 4-4] 색상환에 위치한 간기능개선제의 포장용기 대표색상

한편, 색상은 비즈니스모델의 경쟁우위이기도 하다. 예를 들어 etsy.com이라는 사이트는 일반적인 B2C C2C 사이트처럼 제품카테고리방식으로 고객이 물건을 찾을 수도 있고, 색상별로 물건을 찾을 수도 있다. 고객이 빨간색 제품을 찾고 싶으면, 색상검색 메뉴에서 빨간색을 클릭하고, 그러면 사이트가 보유하고 있는 모든 빨간색 제품이 노출된다. 따라서 고객들은 다른 사이트와 달리 '자신이 원하는 색상'을 선택한 후 다른 제품선택기준을 사용하게 된다.

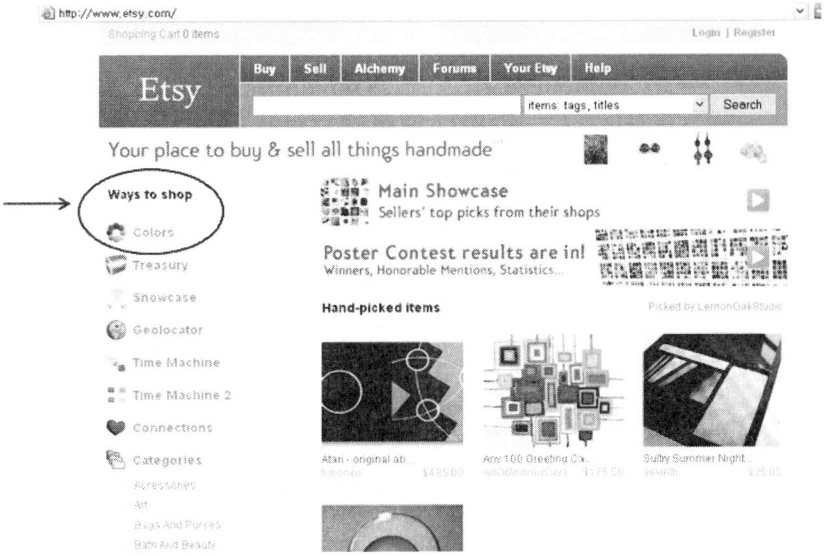

[그림 4-5] 색상을 검색 분류로 사용한 etsy.com

3 ▸▸ 참고문헌

- 곽영식(2013), 창업을 위해 미학에서 배우는 신제품개발: 서울: 피앤씨미디어.
- 로라 B. 와이스(2013), 아이스크림의 역사, 서울: 휴먼니스트.
- 진중권(2008), 진중권의 서양미술사: 고전예술편, 서울: 휴머니스트
- Schmitt, B. and Simonson, A.(1997), Marketing Aesthetics, NY: Free Press.

제 5 장

콘텐츠를 이용한 가치창조

> ► 고객이 인식할 수 있는 콘텐츠에 변화를 주면, 고객은 우리상품을 새로운 것으로 새롭게 본다.
> ► 기존 상품에 있던 콘텐츠를 없애거나 기존 상품에 없던 콘텐츠를 삽입한다.

이 장에서는 기존 상품에 있던 콘텐츠를 없애거나, 기존 상품에 없는 콘텐츠를 삽입하는 두 방향성에 대해 배운다. 기존 콘텐츠를 없애는 것을 stripping이라하고, 기존 상품에 없는 콘텐츠를 삽입하는 신제품개발을 dressing이라 한다.

이 책에서 다루고 있는 dressing과 stripping의 기준은 아래와 같다.

- ► 물리적 요소
- ► 프로세스 요소
- ► 소프트웨어적 기능요소
- ► 문화적 요소
- ► 공간/지리적 요소
- ► 시간적 요소
- ► 숫자 또는 단계
- ► 청각요소
- ► 후각요소

1 ▸▸ 물리적 요소의 변화

창업자는 현재 상품의 구성요소에 있는 물리적 요소를 dressing하거나 stripping함으로써 새로운 상품을 만들어 낼 수 있다.

- ▸ 덮개나 지붕이 없는 자동차를 오픈카라고 한다. 대부분의 자동차에는 지붕이 있다.
- ▸ 튜브용기의 연고나 고추장을 구매하면, 뚜껑과 튜브 사이에 호일차단막이 있다. 하지만, 대부분의 치약에는 호일차단막이 없다.
- ▸ 16세기 프랑스 가구의 대부분은 옮기기 쉽게 고안되었다. 이 시대에 제작된 의자의 경우에는 왕을 위한 의자를 제외하고는 거의 등받이가 없었다. 즉 일반 의자와 달리 왕의 의자는 등받이가 dressing되어 있었다. 요즘처럼 등받이와 앉는 판에 쿠션이 들어가고 천으로 마감한 의자들이 나오기 시작한 것은 17세기 후반부터이다. 따라서 일반인이 앉는 의자는 등받이와 쿠션이 시간이 흐름에 따라 dressing되어 가는 방향성을 가진다(이지은 2007a, 2007b).
- ▸ 손톱깍기는 주로 스테인레스로 되어 있는데, Nano Bell이라는 회사는 스테인레스 위에 범랑을 씌운 제품을 만들었다.
- ▸ 일본 시즈오카현의 녹차디저트 전문점인 나나야에서는 녹차의 함량에 따라 1번부터 7번까지 번호를 붙인 녹차아이스크림을 판매한다.

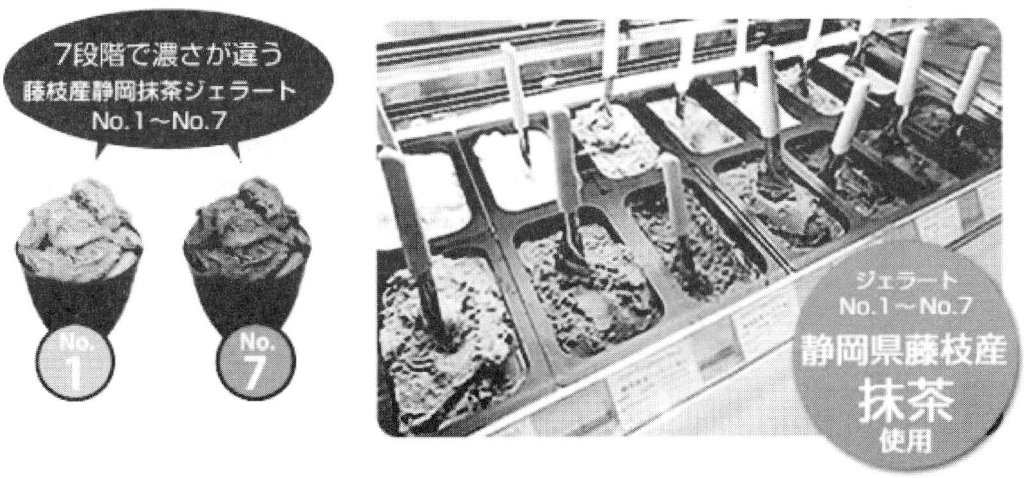

[그림 5-1] 시즈오카현 나나야의 다양한 녹차아이스크림

► 일본에서는 나베용 김치국물만 따로 파는 곳이 있는데. 이는 기존 김치에서 국물만 남기고 배추 등의 건더기는 없앤 것이다.
► 1985년 이전의 대부분의 다방에서는 테이블과 테이블 사이에 벽이 있었다. 최근에는 테이블간 사이에 벽이 있는 다방이나 카페는 찾아보기 힘들다.
► 비엔나 지하철의 경우 객차와 객차 사이에 문이 없는 열차가 있다. 이런 기차는 이제 파리에서도 볼 수 있고, 한국의 지하철도 문이 열차들이 등장했다.

[그림 5-2] 객차와 객차 사이에 문을 없앤 비엔나의 열차

베스킨과 라빈스라는 사람이 회사를 세워 아이스크림을 만들어 팔기 시작한 후에 이 회사는 아이스크림에 들어가는 향신료와 재료를 다양하게 dressing하거나 stripping하여 세계 사람들의 사랑을 받아왔다. 아래 그림을 보면 아이스크림에 들어가는 재료로 바닐라, 초코렛, 민트, 우유, 블루베리 등 이루 헤아릴 수 없는 재료들을 삽입하고 있음을 알 수 있다.

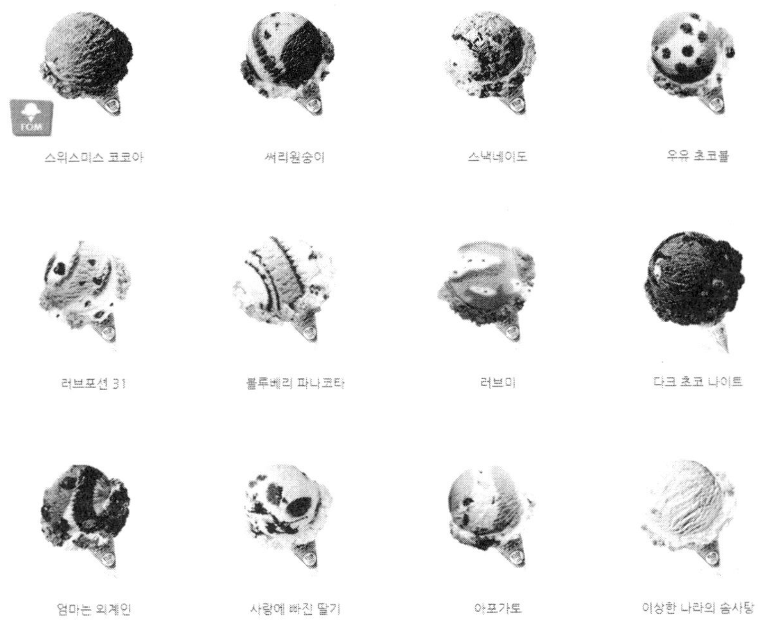

[그림 5-3] 2016년 한국에서 판매되고 있는 베스킨라빈스 31 아이스크림의 일부

아이스크림이나 빙수의 경우에는 전 세계로 확산되면서 전통적인 바닐라 아이스크림이나 팥빙수 이외에 그 지역에서 생산되는 특색 있는 재료 등이 추가되는 경우를 많이 볼 수 있다.

- ▸ 일본에서 녹차아이스크림을 발견할 수 있다.
- ▸ 대만에서는 녹두빙수이외에 녹두 아이스크림을 만날 수 있다.
- ▸ 한국 부산에서는 인절미에 들어가는 콩가루를 빙수와 만나게 하였다.

특히 아이스크림은 아이스크림에 들어가는 재료구성에 따라 분류된다. <표 5-1>은 미국아이스크림을 분류한 옛날 사례이다. 달걀노른자가 동결 전에 대량으로 투여되는 경우를 냉동커스타드라고 별도로 분류하였다. 동결 전에 색소 가미량이 5%를 넘느냐 넘지 않느냐에 따라 플레인 아이스크림과 향신료 아이스크림으로 분류되기도 한다.

〈표 5-1〉 미국에서 채용되었던 아이스크림의 분류

종류	특징
냉동 커스터드	고가의 아이스크림으로 동결 전에 많은 분량의 달걀노른자를 넣어 가열한다.
플레인 아이스크림	동결 전에 향미료, 색소를 전체 함량의 5퍼센트 이하로 넣는다.
색소, 향미료 혼합 아이스크림	색소와 향미를 5퍼센트 이상 넣는다.
아이스밀크	아이스크림의 유지방 함량이 20% 이상인데 비해 2~7퍼센트 함량이 적다.
셔벗	과즙에 설탕, 향이 좋은 양주 난백 젤라틴 등을 넣고 잘 섞어서 얼려 굳힌다.
아이스	셔벗과 비슷하나 밀크를 넣지 않는다.
모조 아이스크림, 멜로린 아이스크림	유지방 대신에 동식물 유지를 사용하고 설탕 대신에 인공감미료를 사용한다.

2 ▸▸ 프로세스의 변화

제품 제조과정이나 서비스하는 프로세스 중 하나 또는 그 이상을 없애거나 추가하면 완전히 다른 새로운 제품이나 서비스가 될 수 있다. 제품품질이 달라지거나 고객편리성이 아주 변화하게 된다.

▸ 한국인터넷진흥원(KISA)에 따르면 한국의 주요 민간 웹 사이트 100곳 가운데 액티브X를 사용하는 비율은 2012년 6월 기준 80퍼센트에 이르는데, 이는 20곳 중 1곳에서만 액티브X를 사용하는 선진국의 주요 사이트와는 대조적이라는 지적이다. 이 때문에 인터넷뱅킹이나 온라인 결제를 하려는 소비자들은 '액티브X 컨트롤 설치'를 수차례 눌러야 한다. 금융거래를 위해서는 공인인증서가 필요하고, 공인인증서를 사용하려면 액티브X가 깔려 있어야 하기 때문이다. '별에서 온 그대'라는 드라마에서 전지현 등이 착용한 옷을 외국인이 구매하고자 할 경우에 이 액티브X 때문에 구매절차가 복잡해지고, 매출이 이루어지지 않는다는 지적을 한국정부가 한 바 있다. 따라서 이 프로그램 없이 해외에서 구매가 가능하도록 하는 방안이 논의된 바 있다. [네이버 지식백과] 액티브X (트렌드 지식사전 2, 2014. 5. 23, 인물과사상사)

- 한국 백화점에서는 고객이 마음에 드는 물건이 있으면 종업원에게 돈을 지불하거나 신용카드를 건네주면 된다. 종업원은 이 돈을 받아서 물건과 함께 영수증을 내어 주거나 신용카드 전표를 준다. 하지만, 중국은 결제과정에 한 단계의 프로세스가 더 있다. 중국에서 물건을 사는 경우, 고객이 마음에 드는 물건이 있으면, 종업원이 그 물건에 해당하는 제품의 가격이 명시된 전표를 준다. 손님은 이 전표를 계산원에게 직접 가서 돈과 함께 건넨다. 손님에게 돈을 받은 계산원은 물건 값을 지불했다는 증명서를 손님에게 건넨다. 손님은 다시 매장에 돌아와서 매장 종업원에게 결제 증명서를 제출하면, 그제서야 물건을 받게 된다. 한국 백화점에 비해 중국 백화점에서 물건을 구입할 경우 몇 가지 과정이 dressing되어 있다. 중국인 소비자들이 한국에서 물건을 구입할 경우에는 몇 가지 과정이 stripping되었다고 느껴 편리하다는 생각을 할 것이다.
- 최근까지 인터넷 사이트에 로그인하기 위해서는 반드시 주민등록번호를 입력해야 했다. 최근 정부는 이런 개인정보수집을 하지 못하도록 하였다.
- 스마트폰의 운영체계인 안드로이드에 비해 애플사의 iTunes는 음원구매에서 청취까지의 프로세스에서 한 단계를 더 dressing한 상태이다. 안드로이드 폰으로 음악을 듣기 위해서는 인터넷 상의 음원을 구매한 후 pc 내로 다운로드한다. 이를 복사하여 스마트폰으로 보내고 이를 청취한다. 하지만, iPhone은 인터넷 상의 음원을 구매한 후에 iTunes에 한 번 더 보내고, 이를 iPhone으로 동기화시킨 후 청취하게 만든다. 이렇게 애플사는 iTunes를 통해서만 음악을 듣게 함으로써 자신의 고객들이 서비스를 받는 공간에 반드시 들어오도록 유도한다.
- 한국의 지하철에는 보안검색이 없다. 북경에서는 지하철을 탈 때마다 공항에서나 볼 수 있는 보안검색대에 가방을 통과시켜야만 탑승할 수 있다.

- 독자가 창업하고자 하는 아이템의 제조과정을 나열해 보자.

► 그 과정에서 없애거나 추가했으면 하는 과정을 적어보자.

► 그 과정의 제거 또는 추가가 필요한 이유를 적어보자.

3 ▶▶ 소프트웨어적 기능변화

상품이 제공하는 기능이나 효능을 확대하거나 제한함으로써 신상품을 만들 수 있다.

- 2016년 봄에 온라인에서 판매되는 우리나라 상표의 노트북 중에는 DOS기능만으로 운영체계를 갖춘 것이 판매되고 있다. 고객들은 구매 후 스스로 운영체계를 선택하여 자신의 노트북에 깔아야 한다. 이 사례는 윈도우라는 운영체계를 제거한 후에 판매가 이루어진다는 것을 의미한다. 구매자는 윈도우 운영체계를 갖춘 노트북에 비해 상대적으로 저렴한 가격의 제품을 구매하게 된다.
- 삼성전자의 넷북은 기존 노트북에서 사용되어오던 많은 기능을 없애버린 stripping제품이다. 또한 삼성전자 중국법인은 중국시장에 dos운영체계의 노트북을 출시하여 2007년 이래 성공적으로 판매한 바 있다. 이는 컴퓨터제품에서 기본적으로 제공하던 기능(서비스)인 Windows를 stripping한 사례이다.
- 애플사의 iPhone은 끊임없이 dressing을 기존제품에 적용한 사례이다. 처음에는 음악만 들었지만(ipod) 이제는 영화도 볼 수 있고, 인터넷도 할 수 있다. 또한 누구나 만

들 수 있는 어플리케이션이 앱스토어에 공개가 되면 이를 무한히 추가할 수 있다. 고객이 생각하는 거의 모든 기능을 추가할 수 있는 것처럼 보인다. 손전등 기능도 있다. 스마트폰의 이 기능 덕에 촛불 시위할 때나 콘서트에서 호응을 할 때 촛불을 사용하지 않고 스마트폰을 사용하기도 한다.

- 요즘 smart TV는 TV만 보는 것이 아니라 스마트폰이 하는 거의 모든 기능이 탑재되어 있다.
- 1994년 처음으로 기계 하나로 프린터, 복사, 스캔이 가능한 (All-in-One) 복합기가 출시되었다.
- 스위스칼(Swiss army knife)은 몸통 하나에 거의 모든 도구를 넣은 상태의 것이다.

- 독자가 창업하고자 하는 아이템의 주요기능을 나열해 보자.

- 이 기능이외에 다른 기능이 추가되었으면 하는 것이 무엇인지 적어보자.

- 이 새로운 기능을 좋아할만한 고객이 누구인지 적어보자.

► 판매자가 제품에 이 새로운 기능을 추가함으로써 고객은 얼마의 돈을 더 지불할 용의가 있겠는가? 그 금액을 적어보자.

► 판매자가 제품에 이 새로운 기능을 추가하기 위해 지불하는 비용상승분은 얼마인지를 적어보자.

► 위의 결과를 볼 때, 추가된 기능은 고객으로하여금 비용 대비 효용을 충분히 느낄 수 있도록 하는지 평가해보자.

구매자가 제품을 선택할 때 사용하는 기준을 제품선택기준(evaluation criteria)이라고 한다. 이 선택기준이 될 만한 특성이나 기능(feature and function)을 제품이나 서비스에 구현하는 과정을 통해 기업은 경쟁우위를 확보하고, 시장에서 살아남게 된다.

과일을 생산지에서 소매점으로 운송하는 과정에서 포장용기에 이산화탄소 등을 주입하면 과일이 시드는 것을 방지할 수 있다.

► 식품첨가물이란 식품에 dressing되어 제품의 품질이나 판매기간을 연장시키는 일체의 물질을 일컫는다. 제조상에 들어가는 유화제, 증점안정제, 껌베이스, 효소, 제조용

제, 품질개량제, 응고제, 가공에 들어가는 강화제, 조미료, 산미료, 감미료, 향료, 발색제, 표백제, 조미료, 광택제 등, 보존에 들어가는 보존제, 살균제, 산화방지제, 방부제, 품질 유지 향상제 등이 그것이다. 반대로 이 식품첨가물을 stripping하여 판매하는 경우가 있다. 특정 식품기업에서는 식품첨가물의 유해성에 주목하여 이들 식품첨가물이 없다는 광고와 함께 제품을 판매한다. 무설탕, 무감미료, 무염버터 등이 이러한 제품에 속한다.

- 샤오미가 판매하는 손목밴드를 구매한 후 핸드폰과 연동시키면, 하루에 소모되는 칼로리나 걸음 수 등을 점검할 수 있다. 나이키 신발 중에도 자신의 발건강이나 운동상태를 점검해주는 센서를 dressing해서 스마트폰의 어플에서 보여주는 것이 있다. 이 센서는 달리는 동안의 거리, 속도, 칼로리를 iPhone으로 전송해 준다.

자동차의 역사는 기능추가의 역사이다. 포드가 생산한 T형 자동차에는 에어컨도 없고 라디오도 없다. 8~90년대의 자동차에는 라디오를 켜면 차 외부로 길게 나오는 안테나가 있었지만 기술의 발달로 현재 출시되는 자동차에는 이것이 없다. 현재 우리가 타는 자동차의 옵션을 생각해 보면, 자동차의 역사는 끊임없는 dressing과 stripping을 통해 현재와 같은 다양한 사양의 편의를 갖춘 자동차가 되었음을 알 수 있다.

[그림 5-4] 20세기 초중반의 자동차 사례

- 프랑스에서는 은행과 보험을 같은 금융매장에서 판매하는 것이 일반적이다. 한국도 법이 바뀌어서 최근에 이 두 상품을 증권지점이나 은행지점에서 동시에 취급할 수 있게 되었다.
- 미래에셋증권은 최근에 대우증권을 인수했는데, 자산운영관리상품을 주로 취급하는 미래에셋증권은 오프라인의 강자인 대우증권을 인수함으로써 지점영업에서 자산운영관리상품을 더 많이 팔 수 있는 기회를 갖게 되었다.
- 미국 월마트에서 매장 안에 각종 다른 매장을 갖춘 적이 있다. 은행, 맥도날드, 사진관, 타이어 가게도 들어갔다. 최근 우리 나라의 대형 할인매장에도 은행, 음식점, 사진관, 핸드폰 매장, 약국, 동물병원, 스포츠용품샵, 세차장 등 다양한 매장들이 shop－in－shop 형태로 dressing되어 입점해 있는 것을 볼 수 있다.

4 ▸▸ 문화적 요소 변화

지금까지 다루어진 기계적이고 전자적인 형태와 기능 개선이외에 문화적 요소를 상품에 도입하여 신제품이 제시된다면 성공확률을 높일 수 있을 것이라고 주장하는 학자들이 많다(Schmitt and Simonson, 1997; Fog 외, 2005). 이런 문화적 요소는 상품의 주관적 가치를 높여서, 구매를 촉진한다는 것이다.

하겐다즈는 유럽풍의 이름을 가졌지만, 유럽과 아무런 관계가 없는 미국상표이다.

- 자동차회사는 산타페, 베라크루즈처럼 유명한 문화적 도시나 휴양지의 이름을 사용하여 이미지를 구축한다.
- 패션디자이너 앙드레 김이나 이상봉 디자이너의 작품을 냉장고 등 가전과 연계하여 제품을 개발하고 판매하는 것은 이제 놀라운 것이 아니다.
- 한글 문양이 제품에 구현되는 경우가 많아졌다.
- 에르메스라는 브랜드는 그레이스 캘리 이미지로 켈리백이라는 제품을 만들었다.
- 미국의 대량판매 소매점 타겟(Target)이 포스트모던 건축가 마이클 그레이브스가 디자인한 물건의 포장상자에 그의 사진을 넣었다(데안 수직, 2008).
- 중국사람들은 숫자를 좋아한다. 그래서 798, 888, 8688 등의 숫자를 이용한 상표를 많이 사용한다.
- 2008년 베이징 올림픽의 앰블렘을 보면 한자의 전서를 이용하여 달리는 사람의 모습

을 표현하였다. 더구나 전각작품처럼 보이는 형상이어서 중국 특유의 이미지가 녹아 있다는 인상이 매우 강조되었다.

- 중국 상표 중 상하이탕이라는 상표는 중국비단제품으로 의상 또는 패션관련제품을 판매하는데, 그 이름에서 중국 특유의 이미지를 쉽게 떠올릴 수 있다.
- 프랑스 축구대표팀의 옷을 보면 프랑스 국기가 생각난다.
- Smeg가 판매하는 냉장고 중 인기가 높은 상품 중의 하나는 영국국기가 그려져 있는 것이다.

[그림 5-5] Smeg의 인기 모델인 유니온잭 디자인 냉장고

- 독자가 창업하고자 하는 아이템에는 문화적 요소를 갖추고 있는가? 있다면 무엇인지를 적어보자.

► 문화적 요소 이외에 다른 요소를 추가하였으면 하는 것이 있는가? 적어보자.

► 이 문화적 요소를 좋아할 소비자는 누구인지 적어보자.

► 독자의 창업아이템 제품에 이 문화적 요소를 추가함으로써 고객은 얼마의 돈을 더 지불할 용의가 있겠는가? 그 금액을 적어보자.

► 독자의 창업아이템 제품에 이 새로운 문화적 요소를 추가하기 위해 발생하는 비용 상승분은 얼마인지 적어보자.

► 위의 결과를 볼 때, 추가된 문화적 요소는 고객으로 하여금 비용 대비 효용을 충분히 느낄 수 있도록 하는지 평가해보자.

5 ▸▸ 공간/지리적 요소 변화

수메르인의 쐐기문자는 아카디아어, 엘라마이트어, 히타이트어(그리고 루위아어), 후리아(우랄어)에도 쓰였으며, 고대 페르시아와 우가리트 문자에도 영향을 미쳤다. 이렇게 한 가지 문자는 다른 지역의 문자에 영향을 미치게 된다. 인류가 문명을 꽃 핀 이래로 인간들이 사용한 제품이나 서비스를 보면 다른 지역이나 공간의 것을 모방한 사례가 많다.

- ► 비틀즈 음악 중에는 인도음악인 시타를 사용한 것이 있다.
- ► 스탄 게츠(Stan Getz)의 재즈삼바는 브라질의 보사노바(브라질의 민속음악인 삼바가 유럽의 고전음악과 만나면서 현대적으로 개량된 것)를 재즈에 채용했다(남무성 2006).
- ► 인도가 개발한 '0'이라는 개념이 서양 수학에서 도입되었다.

한국의 법률체계는 유럽의 법률체계를 많이 반영하고 있다.

- ► 감자, 사탕수수, 밀, 담배 등의 재배 확산은 신대륙발견이후 대륙 간 전파를 통해 이루어졌다.
- ► 조선 세조 때 만들어진 청화백자는 중국의 것을 모방한 것이다.
- ► 19세기 기차여행의 수요는 대단했다. 인상파 화가들의 그림 중에는 유독 기차가 그려진 경우가 많았다. 철도여행이 이처럼 인기를 끌자 고객을 유인하기 위한 각종 디자인이 철도에 dressing되었다. 화차에서 뿜어 나오는 매연과 묵직한 피스톤 소리에 익숙하지 않은 사람들을 어떻게 끌어들일지 골몰했다. 기관차의 높은 굴뚝은 그리스 기둥의 세로 홈인 플루팅이 있는 도리아식 기둥처럼 장식하고, 기관차 위에 지붕을 얹어 마치 로마의 베스타 신전이 연기를 내뿜는 것처럼 보이게 했다(김홍기 2007).
- ► 12세기 이탈리아의 베네치아에는 융자제도인 콜레간차가 있었다. 이 제도는 베네치아나 제노바와 같은 해양국가가 처음 만든 것은 아니다. 유대나 그리스나 아라비아 상인들 사이에서 쓰여 온 제도이다. 다만 이 사람들이 쓰고 있었던 것은 가족이나 친척 간에서만 통용되는 융자제도였다. 같은 나라 사람이라면 혈연관계와 상관없이 융자를 해주고 이자를 취하는 제도를 채택한 것은 이탈리아 해양국가가 최초이다. 혈연이라는 공간적으로 확대가 있었다(시오노 나나미, 1996).
- ► 유럽의 도시들을 여행하다보면 중동음식인 케밥(Kebab)을 파는 매장을 가끔 만날 수 있다.
- ► 김치버거는 햄버거에 김치가 합성된 것이고 불고기버거는 햄버거에 불고기를 가장

한 돼지고기가 합성되었다.

- 기존에 사용하지 않던 유통망을 사용한 경우가 있다.
- 우리나라 휴양림의 숙박시설 및 서비스는 KOA라는 미국회사가 이미 30여년 전에 미국 캐나다 등지에서 하고 있던 사업이었다.
- 1990년대 말 한국에는 중국 발 마사지 사업이라는 것이 없었다. 누군가가 중국마사지사를 데리고 한국에서 사업을 시작하였다.
- 샤프란이 약이나 염료로 쓰이기 시작한 것은 8세기로, 에스파냐를 정복한 아랍인이 전하였고, 인도와 페르시아에서 그보다 훨씬 전부터 재배되었다. 16세기 이후에는 요리와 약용으로 많이 사용하였고 머리염색제로도 썼다. 이 샤프란 물동량의 90%는 이란에서 생산된다(네이버 지식백과, 조리용어사전, 2007. 8. 27, 광문각).

▸ 한국에는 없는데 다른 나라에는 있는 식품은 무엇일까?
▸ 이 동물을 수입하여 사업화할 수는 없는가? 검토하여 적어보자.

다른 업종에서는 사용하는데 우리 업종에서 사용하지 않고 있는 유통망도 신상품 및 신비즈니스에 기회가 된다. [그림 5-6]을 보면 증권사의 유통채널 변화를 보여준다. 위탁거래에 집중하던 1990년대 이전의 지점영업에 비해 온라인채널이 추가되면서 상품도 변화하고 수수료체계도 복잡해졌으며, 인력도 감축되었다. 때로는 오프라인채널을 강화하기 위해 특정고객집단을 위한 WM점포등이 추가되기도 한다. 이에 따라 증권사 수수료도 단순가격수준경쟁에서 가격지불체계경쟁, 가격지불시점경쟁, 가격지불단위경쟁으로 경쟁양상이 변천하였다(곽영식 2013).

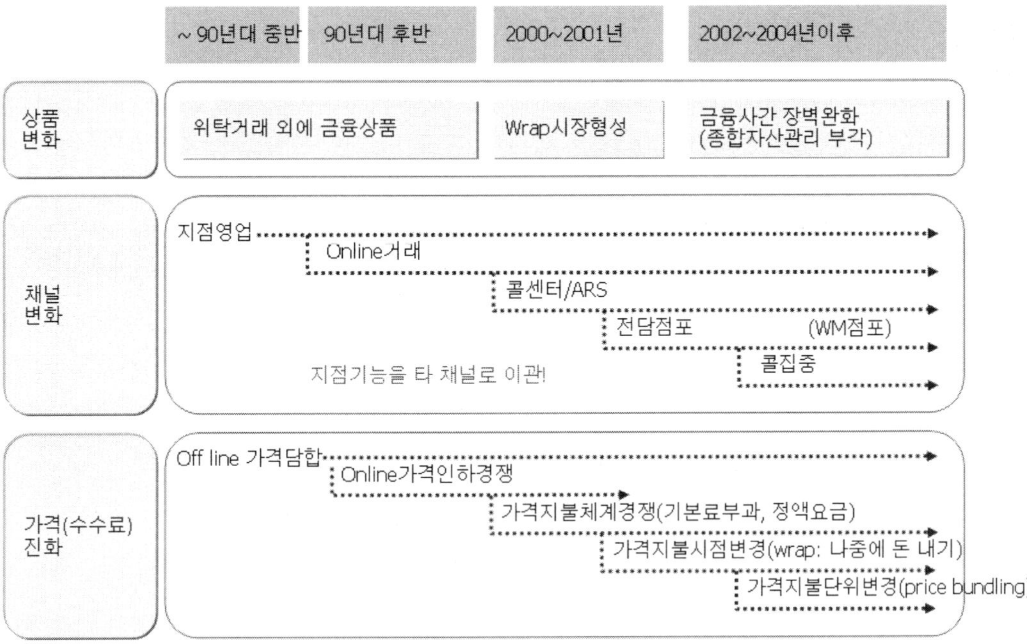

[그림 5-6] 증권사 channel의 변화

► 독자가 창업하고자 하는 아이템을 판매하는 유통망을 적어보자.

► 이 아이템을 판매할 수 있는 다른 유통망이 있는지 검토하여 적어보자.

6 ▸▸ 시간적 요소 변화

시간이라는 요소를 상품에 적용하는 사례는 무척 많다.

▸ 일반적으로 C2C사이트에서는 많은 콘텐츠를 제공하면서 24시간 구매가능하다는 것을 자랑한다. 하지만 woot.com이라는 회사는 밤 12시마다 그 날만 판매할 저렴한 제품을 공개한다. 따라서 이 사이트에서 저렴한 가격으로 제품을 사고 싶은 사람은 해당 제품이 품절되기 전에 이 사이트에 로그인을 해야 한다. 일반적인 다른 쇼핑몰은 24시간 언제 어디서나 우리 회사에 오도록 유도하기 때문에 시간이라는 요소의 강조가 적다. 하지만 woot.com은 시간이라는 요소를 판매수단으로 만들었다. 한편, 이 woot.com은 카테고리별로 소량의 제품만을 판매하기 때문에 기존 C2C사이트가 다양한 제품을 판매하는 것에 비해 엄청난 판매제품의 stripping을 한 셈이다. 한국에서도 이 사이트를 모방한 사이트가 운영되고 있다.

[그림 5-7] woot.com은 카테고리별로 소량의 제품을 하루에 12시부터 판매하고 있다.

- 참외는 본래 여름에 생산, 판매되는 과일이다. 하지만 요즘은 하우스를 이용하여 생산시기를 앞당기거나 아예 늦추기도 한다.
- 야식 식당은 다른 식당 들이 영업하지 않은 시간에 영업을 하는 시간이라는 요소를 채택했다.
- fast food라는 음식들은 시간을 경쟁우위로 사용하여 고객들에게 시간절약이라는 편리성을 제공하는 것이다.
- 반대로 slow food를 표방하는 식당도 생겨났다.
- 중국의 은행은 휴일에도 정상영업을 한다.
- 한국의 은행은 2009년에 아침영업시간을 30분 일찍 시작하였다.
- 한국의 공중파 방송국의 평일저녁뉴스가 9시에 시작되는 것이 당연하던 1991년, SBS는 개국과 동시에 <8시 뉴스>를 편성하는 새로운 전략을 구사하였다. 현재는 케이블 방송사를 포함한 다양한 방송사의 평일저녁 뉴스 방송시작 시각은 7시 45분부터 저녁 9시 40분까지 매우 다양하다.
- 일반적으로 크림빵은 상온에서 판매한다. 우리들 대부분이 생각하는 크림빵의 맛은 상온에서 먹었을 때의 맛이다. 하지만, 크림빵을 냉동고에 넣었다가 먹은 경우와 냉장고에 넣었다가 먹은 경우 모두 크림의 맛이 다르게 된다. 이렇게 온도의 차이가 맛을 다르게 하는데, 이것은 낮은 온도의 크림빵이 상온에 이르는 동안에 크림의 맛이 달라지기 때문이다. 따라서 크림의 맛도 시간조절에 의해 새로운 맛으로 변화시킬 수가 있다고 한다.
- 다른 병원과 경쟁하기 위해 휴일진료를 하거나 밤 진료를 하는 병원을 종종 발견할 수 있다.
- 우리나라 대학교는 1년에 두 번의 정규학기를 제공하는 것이 일반적이다. 하지만 미국의 일부대학은 1년에 4번의 학기를 제공하기 때문에, 학생들은 2~3년 내에 대학을 졸업할 수도 있다. 이러한 시스템을 국내 몇 몇 대학에서도 운영하고 있다.
- 문신(타투)을 하면 반영구적이다. 문신의 효과가 있으면서 문신이 유지되는 시간을 줄인 제품이 '헤라'이다.

► 독자가 창업하고자 하는 아이템은 언제 구매가 이루어지는 상품인지 적어보자.

► 고객이 구매하는 시간을 바꿀 여지가 있는가? 바꿀 여지가 있다면 판매시간을 언제로 변경해야 하는가?

이렇게 시간은 경쟁우위를 만들어 낼 수 있는 좋은 수단이다. 경쟁자보다 우리상품을 1) 미리, 2) 정기적, 3) 빨리, 4) 느리게 등으로 변화시키면 고객들에게 다른 상품으로 인식시킬 수 있다. 또는 블루오션일 수 있다.

7 ▸▸ 숫자나 단계 변화

숫자나 단계를 추가하거나 제거하면 아주 새로운 상품이 될 수 있다.

► 뿔을 가진 동물들은 대개 두 개의 뿔을 가지고 있다. 인간들은 뿔이 하나인 동물을 상상하고 이를 유니콘이라 불렀다.
► 망원경은 렌즈가 두 개인 것도 있고, 한 개인 것도 있다.
► 연탄은 구공탄이라고 불리운다. 구멍이 19개여서 십구공탄이라고 불리었는데, 여기에서 '십'이 생략되고 그냥 구공탄이라고 불리게 된 것이다. 본래 동일한 크기의 연탄에 25, 38 등의 구멍을 시도했으나, 최근까지 계속 남아 있는 연탄의 구멍 수는 19개이다.

► 우리나라는 중앙정부 밑에 도가 있고, 그 도 밑에 시군이 있다. 하지만, 일본은 중앙정부 바로 아래 현이 있는데, 이 현은 도보다는 작고 시군보다는 크다. 이 현은 우리나라 몇 개의 시와 군이 합쳐져 있지만, 도보다는 작다.

► Bar code는 가로축 하나로 정보를 입력한 것인데 비해 QR code는 가로와 세로의 2차원으로 정보를 입력한 것이다.

► 일반적인 포털사이트는 많은 콘텐츠를 첫 화면에 보여준다. 다음이나 네이버를 생각해 보면, 독자들도 이에 동의할 것이다. 반면에 구글이나 중국의 Baidu.com.cn은 첫 화면에 검색창 하나만을 선보인다. 즉, 검색을 목적으로 찾는 이용자들은 콘텐츠를 클릭하지 않는 것에 착안하여 콘텐츠를 과감히 stripping한 것이다.

► 장갑은 손가락이 다섯 개인 것도 있고, 하나인 것도 있다.

► 숫자는 인간이 만들어 낸 것이므로, 변화 또한 가능하다.

► 한국의 초·중·고교 교육과정과 미국, 유럽의 교육과정의 기간을 비교해보자.

► 한국의 교육과정 기간에 변화를 준다면 어떤 아이디어가 있을지 적어보자.

8 ▸▸ 청각적/후각적 요소 변화

기존의 법률제도에서는 문자와 도형, 기호로 만들어진 것만 상표로 등록되어 보호될 수 있었지만 현재는 오감을 이용하여 식별이 가능한 부분들도 상표로 등록함으로써 보호될 수 있다. 제품이나 서비스에 소리가 없다면, 우리가 창업할 상품에 소리를 추가하여 고객의 주목을 받을 수 있고, 반대의 경우도 가능하다.

제품과 더불어 소리를 반복청취하면 단순반복노출에 의한 친숙효과라는 것이 발생하여, 청취자는 이런 소리를 듣고 특정 상표나 제품을 머리에 상기하게 된다. 마찬가지로 후각적 요소도 구매자나 소비자를 학습시킬 수 있는 소재이다. 특정 향을 고객들에게 지속적으로 제공할 경우, 향과 제품을 연결시키는 기억이 생긴다. 이를 통해 향의 좋은 이미지가 제품의 좋은 이미지와 연계된다.

- 인텔칩, 윈도우즈 등 IT 하드웨어나 소프트웨어는 본래 소리가 없다. 인텔칩, 마이크로프트사의 윈도우즈 등에 독특한 소리(Jingle)를 넣었다.
- SK텔레콤 이용자에게 전화를 걸 때 가장 먼저 들리는 특정 징글이 있다. SK텔레콤은 광고 말미에도 항상 이 징글을 내보낸다. 코카콜라도 마찬가지이다.
- 쿠쿠는 밥이 다 완성되면 삐삐거린다.
- 세탁기도 빨래가 다 되면 소리를 낸다.
- 용각산은 소리가 안 난다고 일부러 강조한다.
- 현관 자물쇠는 배터리가 거의 소진되면 소리가 난다.
- 한국의 한 고급백화점에서는 각 층 에스컬레이터 옆에 샤넬 No.5 향수의 향기를 분사하여 고가품 쇼핑욕구를 이끌어내고 있다.
- 무인양품(MUJI)라는 생활용품 매장 내에서는 판매 중인 아로마 디퓨저를 작동시켜 제품을 알리는 기능과 쇼핑공간의 아늑함을 동시에 제공하여 고객들이 매장에 머무르는 시간을 연장시켜 매출을 높이고 있다.

► 독자가 창업하고자 하는 아이템은 소리나 향기가 있는지 적어보자.

► 없다면 어떤 소리나 향기를 추가할 수 있는지 적어보자.
있다면, 소리나 향기를 어떤 다른 소리와 향기로 변화시킬 수 있는지 적어보자.

► 변화된 소리와 향기를 고객이 좋아할지, 그 이유는 무엇인지 적어보자.

9 ▶▶ 참고문헌

► 곽영식(2013), 창업을 위해 미학에서 배우는 신제품개발: 서울: 피앤씨미디어.

► 로라 B. 와이스(2013), 아이스크림의 지구사, 서울: 휴머니스트.

► 진중권(2008), 진중권의 서양미술사: 고전예술편, 서울: 휴머니스트.

► Schmitt, B. and Simonson, A.(1997), Marketing Aesthetics, NY: Free Press.

► Eco, U. (2004), On beauty: A history of a western idea, London: Secker & Warburg.

► Fog, K., Budtz, C. and Yakaboylu, B.(2005) Storytelling: Branding in practice. Amsterdam: Spingler

- Kobayashi, S.(1992), Color image scale, Kodansha Globe.
- Kotler, P.(2006), Marketing Management, NJ; Prentice Hall.
- Miller, J.(2009), Shoes, London: Octopus Publishing Group.
- Moon(2010), Different: Escaping the Competitive Herd, NJ: Crown Besiness.
- Ries, A. and Ries, L.(2004), The origin of brand, NY: Harper Business.
- Schmitt, B. and Simonson, A.(1997), Marketing Aesthetics, NY: Free Press.
- 김홍기(2007), 그림이 된 건축 건축이 된 그림, 서울: 아트박스.
- 남무성(2006), Jazz it up, 서울: 고려원북스.
- 데얀 수직(2012), 사물의 언어, 서울: 홍시.
- 박종호(2005), 유럽음악축제순례기, 파주: 한길아트.
- 사사키 겐이치(1995), 미학사전, 서울: 동문선.
- 시오노 나나미(1996), 바다의 도시이야기, 파주: 한길사.
- 송인갑(2004), 향수, 서울: 한길사.
- 스레나가 타미오(1998), 색채심리, 서울: 예경사.
- IRI색체연구소(2003), 어떤 색이 좋을까? color combination, 서울: 영진닷컴.
- 유승희(2005), 화가들이 사랑한 파리, 파주: 아트북스.
- 이지은(2007a), 귀족의 은밀한 사생활, 서울: 지안.
- 이지은(2007b), 유럽장인들의 아틀리에, 서울: 한길아트.
- 이희엽·홍석기·김창현·나희승(2006), 이미지 스케일에 의한 철도차량 디자인 트렌드 분석, 한국철도학회 2006년도 추계학술대회논문집, 19~26.
- 지상현(2002), 시각예술과 디자인의 심리학, 서울: 민음사.
- 창홍(정유희 옮김), 미학산책: 소트라테스에서 소쉬르까지, 서울: 시그마북스.
- 최상운(2008), 보랏빛 바다의 향연: 프로방스 라멘더 시장, 서울: 한국문화관광연구원. 너울 2008년 2월호.

제 6 장

분할을 활용한 가치창조

► 우리에게 익숙한 상품은 분할을 통해 고객에게 새로운 것으로 보여질 수 있다.

TRIZ의 제1 발명원리는 분할(segmentation)이다. 분할은 두 가지 접근법을 통해 신제품 개발과 신규 비즈니스모델을 만들어 낼 수 있다. 하나는 상품을 구매하는 사람들(시장)을 분할하여 신제품 개발의 기회를 찾는 것이고*, 다른 하나는 기존 제품을 분할하여 신제품을 만드는 것이다.

이 중 구매자(시장)를 구분하는 기준은 무척 다양하지만 이 책에서는 아래 기준에 의해 독자들이 시장을 분할하여 새로운 고객을 찾게 하고, 그 고객에게 적합도가 높은 상품을 개발하는 연습기회를 제공한다.

- ► 소비단위
- ► 인구통계학적 분류
- ► 사회계층적 분류

다음으로 기존 제품을 분할하여 신제품을 만드는 것과 관련하여, 첫 번째로 제품에 대한 TRIZ의 분할원리를 소개하고, 연습하는 공간을 제공한다. 두 번째로 서비스에 대한 분할을 시도하여 새로운 서비스를 개발해 보는 기회를 가져보도록 한다.

* 이 단락은 남윤정(2016), 창업아이템개발, 서울: 마인드탭에서 뽑았음.

1 ▸▸ 고객의 분류

1.1 소비단위 분류에 의한 창업 신제품 개발

창업자가 구매고객을 구분하는 첫 번째 기준은 바로 소비단위이다. 즉, 개인고객과 조직고객으로 구분하는 것이다. 조직고객은 다시 1차집단과 2차집단으로 나눌 수 있다. 또는 공식적 조직과 비공식적 조직으로 나눌 수 있다.

- ► 개인소비단위는 개별 구매자 또는 소비자를 말한다.
- ► 조직소비단위는 1차집단과 2차집단으로 구분한다.
- ► 조직소비단위는 공식적 조직과 비공식적 조직으로도 구분할 수 있다.

소비단위가 중요한 이유는 이 단위의 크기가 구매량, 구매시기, 구매의사결정, 구매간 시간간격(inter-purchase time)을 다르게 만들기 때문이다. 이에 따라 경영전술이 모두 달라지게 된다.

- ► 개별구매자는 구매의사결정을 단독으로 하는 사람을 말하며, 개별소비자는 구매 후 소비를 단독으로 하는 사람을 말한다.
- ► 조직소비단위란 구매 및 소비의 주체가 조직인 경우를 말한다.
- ► 조직고객 중 1차 집단은 이해관계 없이 모여 있는 집단을 말한다. 가족이 대표적이다.
- ► 조직고객 중 2차 집단은 조직의 목표를 위해 모여 있는, 이질적인 구성원의 모임을 말한다. 기업이 대표적이다.
- ► 조직고객 중 공식적 조직이란 조직을 이루고 표방하는, 공식화된 과정이 완성된 조직을 말한다.
- ► 조직고객 중 비공식적 조직이란 조직구성의 형태 및 의사결정과정이 명확히 정의되지 않은 집단으로, 이 조직에의 출입이 자유로운 경우를 말한다.

- ► 설탕이나 TV, Tablet PC 등은 개인소비단위와 조직소비단위가 모두 존재한다.
- ► 와인 구매자는 개별가정 소비자와 식당 등의 대량구매자가 동시에 존재한다.
- ► 그룻브랜드 제품은 개인도 구매가능하고, 조직도 구매가능하다.
- ► 베스킨 라빈스 아이스크림의 경우에는 개별소비단위가 많고 조직소비단위에서 구매하는 경우는 거의 없다. 아이스크림을 대량납품 받는 소비단위를 개발한다면, 이 시

장을 대상으로 신규 비즈니스가 가능하다.

- 모 제과점은 해당 매장에서 판매하는 케익에 대해 입소문이 퍼지자 제조면허를 발급받은 후 케익을 대량생산하여 전국의 중소규모 카페에 조각케익을 납품한다. 이는 개별소비단위의 시장을 조직소비단위로 확장한 경우이다.
- 디스플레이평판이나 반도체는 거의 조직소비단위에서 구매가 이루어진다. 그렇다면 개인이 이를 구매하는 경우는 없을까? 이런 소비자를 대상으로 하는 시장기회는 존재하는가?
- 한국야쿠르트처럼 야쿠르트 아줌마를 개인사업자로 내세운 인적판매 조직과 할인마트 등 유통업체에 제품을 납품하는 조직을 동시에 가동할 수도 있다.
- 가족이 공동구매의사결정을 하는 제품카테고리가 있고, 가족이 공동구매의사결정을 하지는 않지만 가족을 위해 구매되는 제품카테고리도 있다.

따라서 창업자 자신이 판매하고자 하는 제품이나 서비스를 개인에게 판매할지, 조직에게 판매할 지를 사전에 결정하는 것이 필요하다.

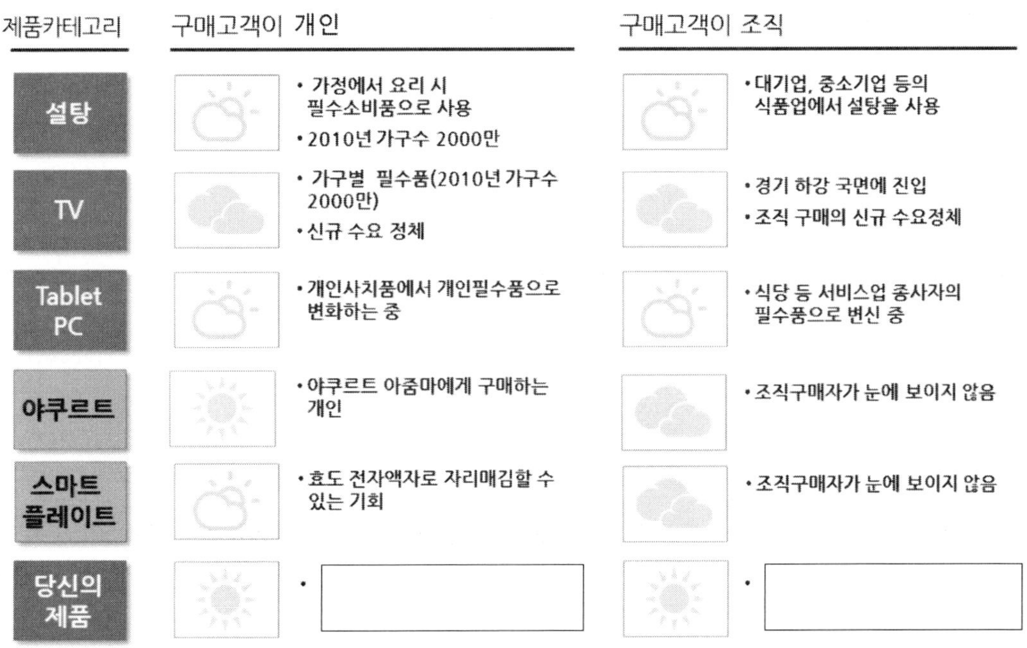

[그림 6-1] 제품구매자를 조직과 개인으로 분류한 경우

이렇게 구매자의 단위를 구분(분할)한 후, 경쟁사의 유무 또는 경쟁정도의 강도에 따라 신제품을 개발할지 여부에 대한 의사결정을 할 수 있어야 한다. 한 번에 많은 양을 구매하는 조직구매자시장에서 경쟁사가 없다면 창업자는 이 시장을 대상으로 신제품을 출시하는 것을 검토해 볼 필요가 있다.

		조직구매자시장	개인구매자시장
경쟁사	무	**스타 (Star)**	**선점해야**
	유	**경쟁에서 이기면 돈줄 (big cash cow)**	**경쟁에서 이기면 골칫거리(dog)**

[그림 6-2] 소비단위 및 경쟁사 유무에 따른 시장기회에 대한 분류

► 독자가 창업을 위해 구상 중인 신제품을 적어보자.

► 그 창업아이템 카테고리의 주된 구매자는 개인, 조직 중 어느 소비단위인지 적어보자.

► 만약 개인이 주로 구매하는 제품이라면, 조직이 구매하도록 할 방법이 무엇인지 적어보자.

► 조직구매가 가능하도록 하기 위해서는 무엇이 필요한지 적어보자.

1.2 인구통계학적 분류에 의한 창업 신제품 개발

인구통계학적 변수는 나이, 결혼여부, 직장, 거주지역 등을 말한다. 예를 들어, 아래 사례는 화장품이나 이미용품을 이용하는 고객을 나이에 따라 분류한 것이다. 35세 미만의 여성은 '예뻐지기 위해' 화장품을 구매하지만, 35세 이상의 여성은 '자기 자신이 어리게 보이도록' 화장품을 구매한다는 것을 보여준다.

나이는 아주 좋은 시장세분화 기준이다.

옆의 그림을 보면
나이에 따라 화장품 및 이미용품을 사용하는 사람들의
욕구가 모두 달라짐을 보여줍니다.

즉, 시장을 세분화하면
목표사업이 달라지고
사업적으로 해야 할 일이 달라짐을 알 수 있습니다.

아래는 몇 가지 사례를 보여줍니다.

1. 화장품 브랜드 분류(저가 캐주얼 브랜드는 40대 미만이 주로 구매한다)
2. 팬시(어린이만 쓴다)
3. 어른용 옷, 어린이 옷
4. 아이돌 가수, 성인 가수

창업자 스스로 나이에 따라 시장을 나누어 보십시오.

1. ______________________________
2. ______________________________
3. ______________________________
4. ______________________________

[그림 6-3] 화장품 시장을 나이로 분할한 경우

요즘은 14세 미만의 초등학교 학생들도 화장을 한다. 그들이 화장품을 구매하는 이유는 '어른처럼 보이고 싶어서'일 수 있다. 이 시장을 목표시장으로 창업할 수 있지 않을까? 따라서 창업의 기회는 14세 미만 시장에서도 발견할 수 있다.

그렇다면, 50세 이상의 성인을 대상으로 한 제품의 시장기회는 존재하는가? 그 시장이 화장품에 원하는 것은 무엇일까? 그 시장은 목표시장으로서 충분히 큰 고객 수를 갖고 있을까? 이런 사항들을 점검한 후, 이들 시장이 원하는 상품을 개발할 수도 있을 것이다.

- 독자가 창업을 위해 구상 중인 제품을 적어보자.

- 그 창업아이템의 목표시장 연령을 적어보자.

- 그 목표시장의 연령보다 적거나 많은 연령대의 고객들이 이 제품카테고리에서 원하는 욕구가 존재하는가? 존재한다면 무엇인가?

- 그 새로운 연령층의 목표시장은 충분한 고객숫자를 갖고 있는가?

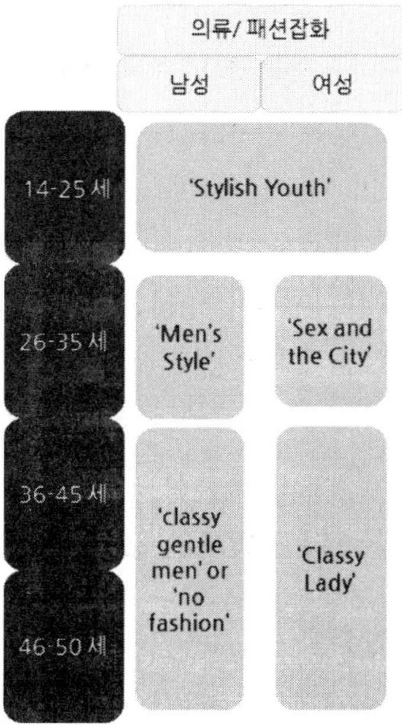

나이/성별은 좋은 시장분할(시장세분화) 기준이다.

나이와 성별을 이용하여 제품을 달리 개발할 수 있는 기회를 적어보자.

1. 남성용 옷, 여성용 옷
2. 남성용 화장품/여성용 화장품
3. 유니섹스모드
4. 동성애를 지지하는 제품브랜드
5. ____________________
6. ____________________
7. ____________________
8. ____________________

[그림 6-4] 패션시장을 나이/성별로 분할한 경우

► 독자가 창업을 위해 구상 중인 제품을 적어보자.

► 그 창업아이템의 목표시장을 성별로 구분하여 적어보자.

► 그 목표시장의 대부분이 여성(남성)이라면 남성(여성)을 대상으로 이 제품을 판매할 수 있는 기회는 없는지 검토하여 적어보자.

1.3 사회계층의 분류에 의한 창업 신제품 개발

사회계층 분류에 대한 다양한 기준과 학설이 존재하므로 이 책에서는 두 학자의 사회계층분류표만을 제시한다. 사회계층이 신제품개발에서 중요한 이유는 사회계층별로 구매하는 제품, 주거형태, 직업, 교육수준, 구매가 이루어지는 유통망, 원하는 서비스수준이 모두 극명하게 다르기 때문이다.

창업자는 [그림 6-5]의 사회계층 중 어느 계층에서 창업자의 제품을 구매할 지를 신제품개발 전에 결정하는 것이 좋다. 그 이유는 목표시장의 선호가 뚜렷한 제품과 유통망, 광고 및 홍보수단, 가격의 수준을 결정하기 위해서이다.

Warner의 사회계층분류	Coleman and Rainwater의 사회지위계층분류
상상	최상류층
상하	상류층
중상	중상류층
중하	중상층
하상	근로층
하하	빈민층
	최하류층

[그림 6-5] 사회계층분류의 두 사례

2 ▸▸ TRIZ의 분할 원리

TRIZ에서는 분할을 통한 발명원리로 아래의 몇 가지 방법을 제시하고 있다.

> 1) 물체를 독립적인 몇 개의 부분으로 나눈다.
> 2) 사물을 분리가능하게 만든다.
> 3) 분할의 정도를 높인다.

> ▸ 독자의 창업아이템을 구매할 사람들은 사회계층적 분류 중 어디에 속하는가? 그들이 원하는 상품의 특징은 무엇인가?

2.1 물체를 독립적인 몇 개의 부분으로 나눈다: 구성요소 분해법

이 원리는 상품을 몇 개의 구성요소로 나누는 것에서 시작한다. 아래는 라면을 구성단위로 분류한 뒤, 신상품을 개발하는 일련의 과정을 보여준다.

우선 고객의 눈으로 보기에 라면이 무엇으로 구성되어 있는지를 알고, 이를 분해하는 작업을 한다. <표 6-1>는 구성요소분해법의 틀을 보여주고 있다. 이 표의 첫째 열은 라면의 구성요소를 보여준다. 고객의 눈에 라면은 면, 면을 튀긴 기름, 스프와 봉지포장으로 구성된다고 보고, 이 기준에서 신제품을 개발하기 시작해 보자.

두 번째 열은 현재 사용되는 재료를 가상적으로 표시하고 있는데, 이 열에서는 구체적인 재료의 명세나 품질상태를 표시하는 열이다. 셋째 열은 각 구성요소별 재료를 대체할 만한 재료를 창의적으로 생각해 내어 표시하는 곳이다. <표 6-1>의 사례를 보면, 구성요소에서도 밀가루를 면을 만드는 재료로 인식하여, 밀가루반죽에 들어가는 물 이외에 다양한 즙을 소개하고 있다. 이렇게 구성요소를 세분화하여 다양한 대체물들이 적용될 수 있음을 보여준다. 넷째 열은 셋째 열에 의해 추가되거나 대체되는 제품의 장점을 나열한다. 다섯째 열은 신상품의 단점을 나열한다. 여섯째 열은 새로운 상품을 제조하기 위해 추가되는 비용을 적는다. 일곱 번째 열은 추가 또는 대체를 통해 만들어진 신상품에 대해 고객들이 기존상품에 비해 더 지불할 만한 가격의 증가분을 적는다.

이 표에서 비용과 지불가격상승분의 칸들이 비어있는 것이 보일 것이다. 비용이 들어갈 여섯째 열에는 추가 또는 대체를 가능하게 하는 재료의 비용을 개발시점에 적게 된다. 그 이후, 원가를 낮추기 위해 새롭게 찾은 공급망으로부터 제시받은 새로운 비용이 들어갈 공간으로 사용한다.

예를 들어 독자들 중에는 1980년대 두부의 크기가 변화하지 않은 상태에서 가격이 거의 7년간 변화하지 않았던 것을 기억할 지 모른다. 오리온 쵸코파이의 가격을 추적하면 거의 가격인상이 없었던 것을 알 수 있다. 오뚜기 케첩도 가격변화가 20세기에는 거의 일어나지 않았다. 이런 경우에는 제조업자가 끊임없이 안정된 품질의 원료를 제공받을 수 있는 곳으로 공급망을 변화시켜 재료를 확보한 노력의 결과이다. 이를 통해 오뚜기는 경쟁사가 케첩시장에 들어오는 것을 강력하게 막을 수 있었다. 또한 제2차 세계대전이후 미국에 공급된 옷의 원단가격은 거의 상승하지 않았는데, 그 이유는 이탈리아, 한국, 중국 등으로 원단 공급지가 변화하였기 때문이다.

일곱 번째 열인 지불가격 상승분 항은 기본적으로 변동비만을 고려하여 적어야 한다. 하지만 재료의 변화는 제조과정의 변화 등 고정비의 변화를 초래할 수도 있다. 이에 대한 고정비 상승을 어떻게 감안할 것인가도 고민해야 한다.

또한 이 열에는 추가 또는 대체를 통해 고객들이 기존 상품보다 더 지불할 만한 가격의 증가분을 시장조사하여 넣어야 한다. 이 때 분할된 각 구성요소에는 추가 또는 대체가 되면 지불가격상승 폭을 증가시키는 구성요소가 있는 반면, 지불가격을 상승시키지 않는 구성요소도 존재할 수 있다.

〈표 6-1〉 라면의 분할 및 재료의 dressing을 통한 신제품개발

구성요소	현재 사용되는 재료	dressing	장점	단점	비용	지불가격 상승분
밀가루	수입산 밀	녹차가루 감자가루 약초가루 or 즙 도토리 가루 버섯가루	건강에 좋음 밀가루의 양이 줄어 들어 칼로리 감소 다양한 맛의 라면을 즐김	단가 상승 점성이 떨어짐 전분추가 제조과정 복잡		
		국내산 밀 사용 직접재배 or 농부에게 재배요청)	농약이나 방부제를 사용하지 않음	라면이 덜 고소 직접 재배 시 농지 확보 어려움 단가상승		
	물, 계란	당근 즙 시금치 즙 치자 물 흑미	어린이 or 젊은이의 흥미 관심유발 시각적으로 즐거움	단가 상승		
튀김용 기름	식용유	올리브유 포도씨유	건강에 좋음	단가 상승		
스프	분말스프 야채스프 해물스프	•소라국물과 제첩 국물을 소량의 분말스프와 함께 판매	•짜고 매운 맛 감소 •건강에 좋고 숙취해소 • 다이어트	• 단가상승 • 제조과정과 유통과정의 복잡화		

그다지 고객의 효용을 높이지 못해서 지불가격상승분이 낮은 구성요소는 대체할 필요가 없기 때문에 각 구성요소별 지불가격상승은 반드시 측정되어야 한다.

기존 연구(이윤경 외, 2004)의 사례를 보면, 구체적인 제품요소, 콘텐츠의 변화별로 1만원, 300원 등의 지불가격상승을 구체적으로 측정할 수 있다. 라면의 경우, 밀가루 대신 흑미를 사용할 때 고객들이 4원의 가격인상을 용인할 수 있다고 대답한다면, 마케터는 이런 신제품을 만들 필요가 없을 것이다.

위 내용을 참고하여 아래 <표 6−2>의 각 빈칸에 독자가 구상한 창업 신제품을 적용시켜보자.

〈표 6-2〉 구성요소 분해법 양식

구성요소	현재 사용되는 재료	dressing	장점	단점	비용	지불가격 상승분

2.2 사물을 분리가능하게 만든다.

이 원리는 하나의 뭉치(bundle)로 되어 있는 기존 상품을 몇 개의 하위구성요소로 의도적으로 나누는 것을 말한다.

등산용 휴대용 의자는 이동성을 갖추기 위해 접고 펼 수가 있다. [그림 6-6]의 아래 스크루드라이버 형태를 보자. 이 도구는 본래 손잡이와 자루가 합쳐져서 생산되고 있었다. 그런데 이 손잡이와 자루를 분리가능하게 함으로써 신상품을 만들 수 있었다([그림 6-7] 참조). 손잡이를 유지한 채 자루에 해당하는 다양한 스크루를 제공함으로써 신상품을 만들 수 있었다.

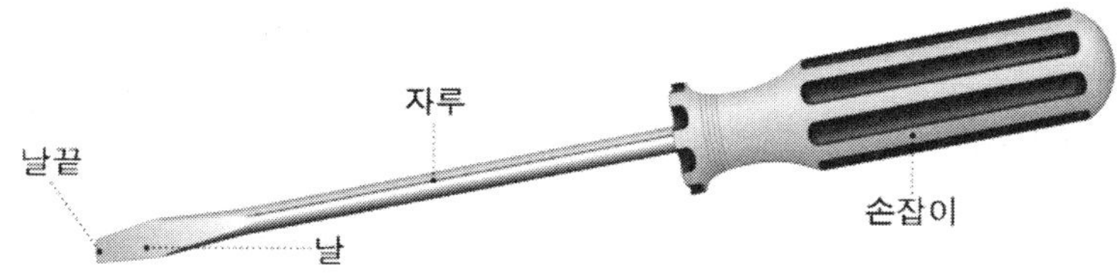

[그림 6-6] 기존 스크루 드라이버 형태

[그림 6-7] 손잡이를 플랫폼으로 하고 다양한 스크류를 모듈로 사용한 경우

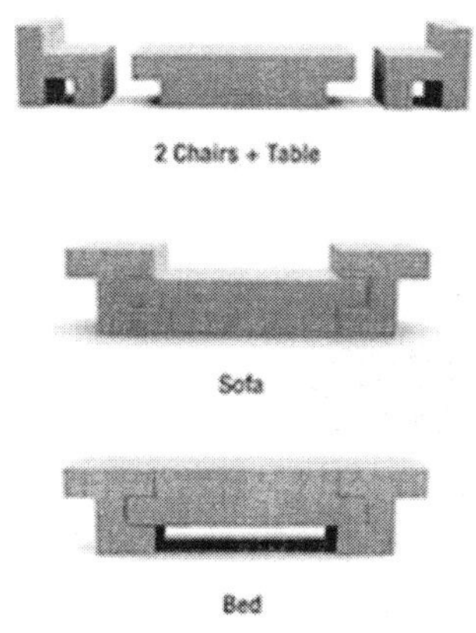

[그림 6-8] 소파를 세 개로 분리한 후 책상과 침대로 변경시킨 사례

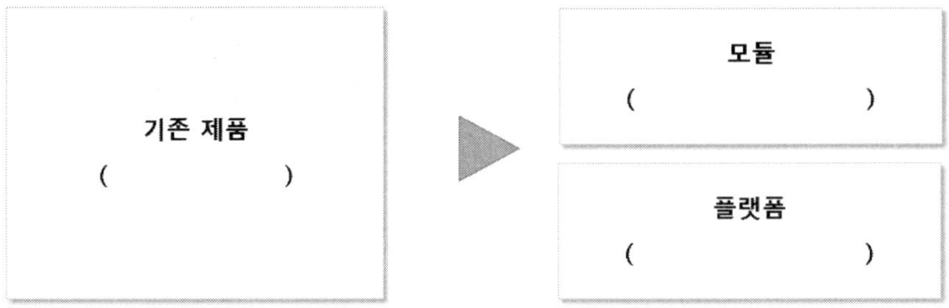

[그림 6-9] 독자들의 분할 연습장

위의 [그림 6-9]에서 기존 제품을 하나 선택하여 적어보자. 그 기존제품 중 남아 있어야 하는 부분을 플랫폼에 적고, 대체 가능한 부분이나 분리가 가능한 부분을 모듈에 적어보자.

- 우리나라 소방청에서 사용하고 있는 소방차의 호스는 맨 처음에는 길이가 긴 호스만 있었는데, 이제는 소방차 내에 길이가 긴 호스와 짧은 호스를 동시에 갖추고 있다.
- 멀티탭도 분할이 된다. 조지 모어낵(George Moanack)이 디자인한 멀티탭 울트라 리드(Ultra Lead)는 여러 개의 콘센트를 꼽을 수 있는 일반적인 콘센트를 낱개로 분리할 수 있도록 설계되어 있기 때문에, 2개가 필요하면 2개를 연결시키고, 4개가 필요하면 4개를 연결시키면 된다. 이를 통해 하나의 멀티탭에 여러 개의 콘센트가 있었던 것에 비해 설치 시에 차지하는 공간을 훨씬 줄였다 늘였다 할 수 있게 된다.
- 책꽂이를 만들 때에도 가장 많이 사용되는 원리가 분할이다. 전체 책장 높이를 몇 개의 칸으로 나누고, 이 칸의 높이를 얼마로 하느냐가 의사결정과 디자인의 핵심이다.

[그림 6-10] 조지 모어낵의 모듈식 멀티탭 (출처: g-moanack.com)

2.3 분할의 정도를 높인다.

특정 지역 안에서 특정 상품카테고리를 분화시키는 방식으로 신상품을 개발하는 방법이 있다. 우리에게 가장 익숙한 신상품개발 방법이 이것이다.

택시가 한국 땅에서 분화한 사례를 보자. door to door service를 제공하는 택시는 손님이 타면, 기본요금에 주행거리당 주행료를 받는 요금체계로 손님에게 교통수단을 제공하는 서비스를 말한다. 기본택시는 기본료가 높고 주행거리당 주행료가 비싼 모범택시로 분화하였다. 더 나가, 한국에서는 다른 나라에서 목격할 수 없는 '합승'이라는 제도를 택시운전사 스스로가 창조했다. 서로 모르는 사람들이 주행 중인 택시에 탑승하여 목적지가 비슷한 곳으로 이동하는 서비스이다. 또한 늦은 시각 각 도시의 주요 역 앞에는 원거리 지역을 목적지로 하여 정액을 받고 합승하여 가는 급행택시가 자연분화하여 발생하였다. 여기에 운송대상과 운송량이 기존택시와 다른 밴택시(Van Taxi)가 새로 나왔다. 또한 사전에 정한 손님 위치로 택시가 가서 손님을 태우는 서비스인 콜택시도 있다.

[그림 6-11] 택시서비스의 분할정도를 높인 사례

[그림 6-12]는 우리나라에서 신문이 진화한 것을 도식으로 나타낸 것이다. 신문은 원래 발행간격으로 분류되었다. 또한 발행간격 이외에 조간 석간으로 분류되어 하루에 언제 발행되느냐하는 시점으로 구분되기도 한다. 여기에서 스포츠신문이나 경제신문 같은 전문화된 신문이 분화하였다. 심지어는 신문 각 장의 가운데가 붙었거나 안 붙은 것을 강조하는

신문이 생기고, 신문색상의 차이가 강조되기도 한다. 신문의 핵심적 기능이 강조되지 않고 시각적 디자인차이를 강조하는 것까지 분화한 사례이다. 더나가 요즘에는 돈을 받지 않고 무료로 지하철이나 버스에서 나누어주는 신문도 생겼다. 여기에 온라인에서만 뉴스를 제공하는 사이트가 생겨났다. 이 사례는 발행간격, 발행시점, 종합화 및 전문화, 편리성, 유통망 등으로 제품선택기준이 고객들에게 제시되었다는 것으로 정리할 수 있다. 이렇게 제품선택기준이 새롭게 제시되는 현상 자체가 종의 분화이다. 새로운 제품선택기준은 고객들에게 새로운 효용을 안겨주게 되며, 그런 효용을 찾는 고객집단을 세분시장으로 한 새로운 목표시장(target market)을 개척하게 된다.

신문		
→	일간지, 주간지, 월간지	발행간격
→	조간 석간	하루 중 발행 시점
→	스포츠지, 경제지	전문화
→	무채색, 유채색 신문	신문지 색상
→	유급, 무급	신문대금 청구여부
→	온라인 전문신문	뉴스 유통망 차이

[그림 6-12] 신문의 종분화

기존 유통망에서 판매되는 제품카테고리가 분화되는 사례도 있다. 1950년대 미국의 커피숍에서는 적어도 12개 이상의 제품카테고리를 팔고 있었다. 2000년까지 이 12개의 제품카테고리들은 모두 독립하여 별도의 제품 카테고리로 분화하여 입지를 확고히 다졌다.

심지어 2000년대까지 분화되었던 제품카테고리를 합쳐서 새로운 편집매장으로 분화한 사례도 있다. 던킨도너츠는 도너츠와 커피의 두 상품카테고리를 합쳐서 새로운 매장컨셉을 구성한 바 있다. 이 사례는 분화된 것들이 다시 합성을 통해 새로운 종으로 분화되었음을 의미한다.

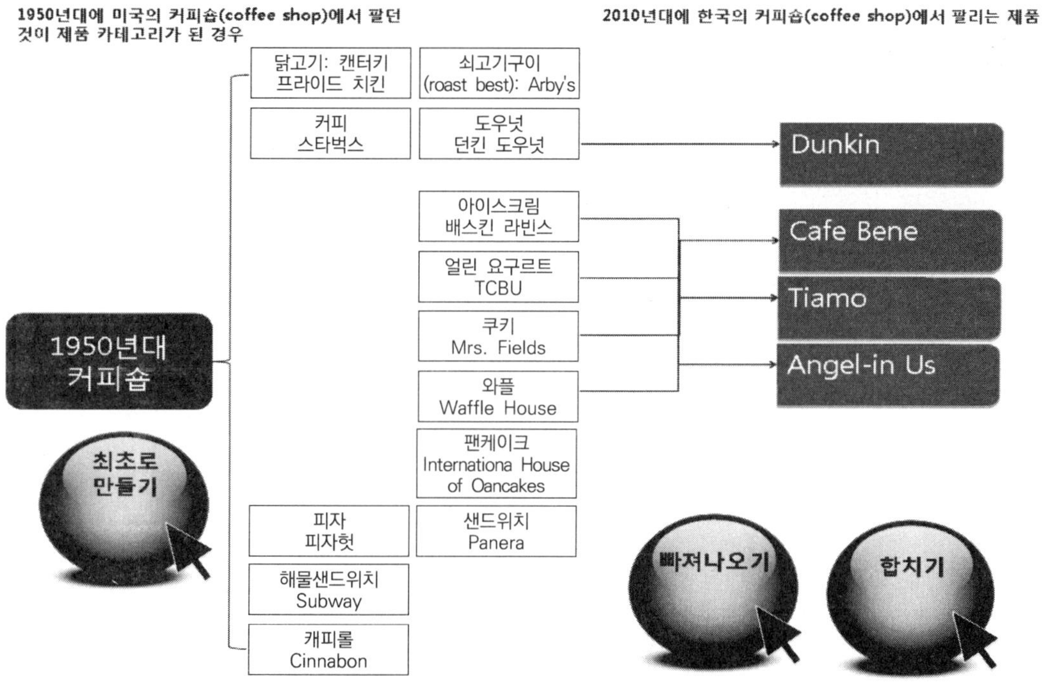

[그림 6-13] 커피숍이 여러 개의 매장형태로 분화한 사례

운동화에 대해 생각해보자. 1988년 이전의 한국운동화 시장은 단순운동화였다. 이제는 각 스포츠 종목, 패션스타일마다 각각의 기능 및 디자인으로 출시되고 있다는 것을 독자여러분은 알고 있을 것이다.

이제 제품카테고리 한 가지를 선택한 후, 그 제품카테고리가 분할되어 분화된 사례를 찾아 [그림 6-14]의 빈 칸에 적어보자.

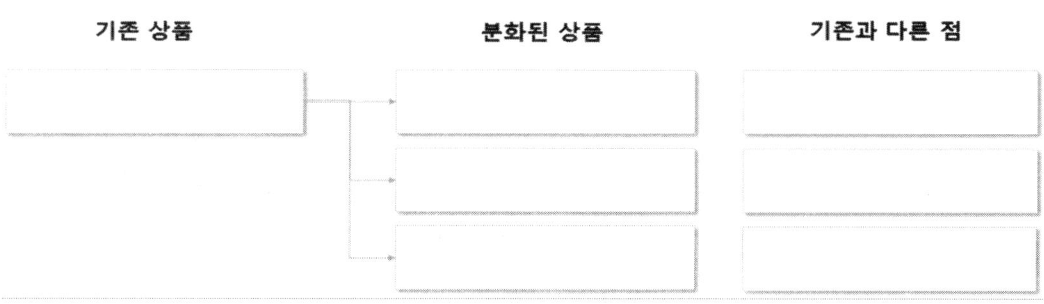

[그림 6-14] 독자의 분할 연습장 2

3 ▶▶ 단순 분할

TRIZ원리가 상품개발에만 적용되는 것은 아니다. 시간이나 공간 및 서비스상품이나 조직 등 다양한 분야에도 적용되는 보편적인 원리이다.

3.1 시간에 의한 분할

'시간단위'는 분할의 좋은 기준이다. 제품의 수명이나 서비스의 단위를 기존 것과 다른 시간단위로 나누어 줌으로써 새로운 상품을 창출할 수 있다.

- ► 한국 국립대학교의 1학기는 15주로 되어있다. 반면에 미국 주립대학은 12주를 1학기로 하기도 한다.
- ► 북경 왕징(望京)에서 발마사지는 통상적으로 1시간이지만, 북경 시내에 있는 궈마오(國貿) 발마사지는 30분짜리, 두 시간짜리 상품이 있다.
- ► 야구선수들의 근무계약단위는 1년 또는 다년계약으로 연간단위이다. 하지만, 영국의 축구선수들은 주, 월단위로 단위로 계약을 할 수도 있다.
- ► 미국의 교수들은 월을 단위로 계약할 수 있다.
- ► 식당에서는 동일한 음식이라도 런치메뉴 때와 저녁메뉴 때의 가격이 다르다.
- ► 한국은 1년에 두 번의 학기를 제공하는 것이 대부분이다. 그러나 미국 또는 국내 일부 대학은 1년에 4번의 학기를 제공하기도 한다.
- ► 중국의 어느 대기업은 경영진과 계약을 할 때, 외국인과의 계약기간은 다년간으로 하고, 내국인과 계약할 때는 1년씩을 계약한다. 국적에 따라 계약기간이 다른 경우이다.

'사용시간'은 분할의 좋은 기준이다. [그림 6-15]처럼 초창기 비행기의 바퀴를 보자. 초창기의 비행기에는 바퀴가 비행기 몸체에 붙어 있어서, 비행기가 날아가는 동안에 저항을 받게 된다. 사실 바퀴는 지상과 이착륙에서만 필요했으므로 사용시간이 아닌 비행 중에는 바퀴를 없애는 것이 좋은 상태인 것이다. 이를 위해 이륙 후에는 바퀴가 접혀서 몸체 안으로 들어가는 창작이 발생한 것이다. 이것이 사용시간에 의한 분리이다. 사용시간에만 존재하여 사용되다가, 사용하지 않는 시간에는 없애는 것이다.

옛날 초창기 비행기는 바퀴가 몸체와 일체형이다

최근 비행기는 바퀴가 몸체와 분리형이다.
비행 중에는 접어진다.

[그림 6-15] 시간에 의한 분리: 이착륙 시 바퀴가 있고, 날아갈 때는 바퀴가 없다.

3.2 공간에 의한 분리

'구매장소'에 따른 분할은 판매자의 이익을 증가시키는 좋은 사례이다.

- [그림 6-16]을 보면 동일한 용량의 콜라가 구매장소에 따라 가격차이가 난다는 것을 알 수 있다. 그림에서 보듯 마케터는 사용장소를 분할하면 분할할수록 이익을 더 만들 가능성을 갖게 됨을 알 수 있다. 아래 자료를 보면 할인점에서 80에 살 수 있는 콜라는 레스토랑 등에서 팔릴 때는 200에 가까운 가격에서 팔리게 된다. 더 비싸게 팔릴 수 있는 구매장소를 찾아내기만 해도 제품의 성공을 꾀할 수 있다는 것을 알 수 있다.
- 2016년도 농심 신라면 광고를 보면 신라면 컵라면이 세계각국에서 팔리고 있음을 자랑하고 있다. 신라면 컵라면은 인터라켄 동력에서 7,000원에 가까운 가격으로 팔리고 있고, 여기에서 기차를 타고 올라가 융프라우요흐 정상에서 유료화가 아닌 스위스프랑으로 사 먹으면 14,000원을 내야 하는 경우가 있다.

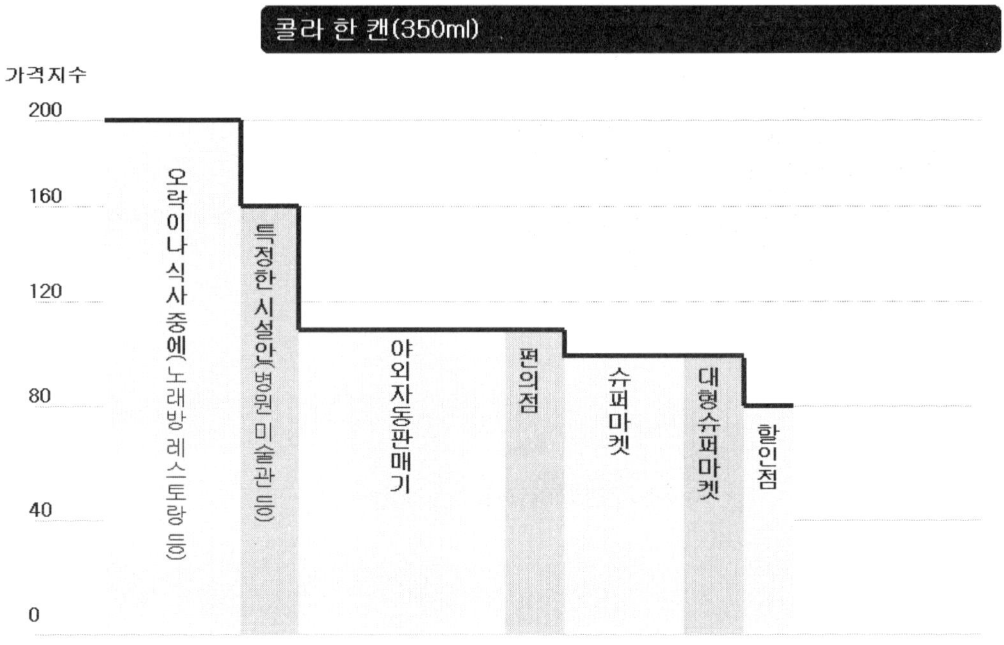

[그림 6-16] 콜라가 팔리는 장소에 따라 달라지는 가격사례

이제 기존 제품 한 가지를 선택한 후, 그 제품이 판매되는 공간과 이로부터 분화될 수 있는 판매공간과 이의 기존공간 대비 차별점 사례를 아래 [그림 6-17]의 빈 칸에 적어보자.

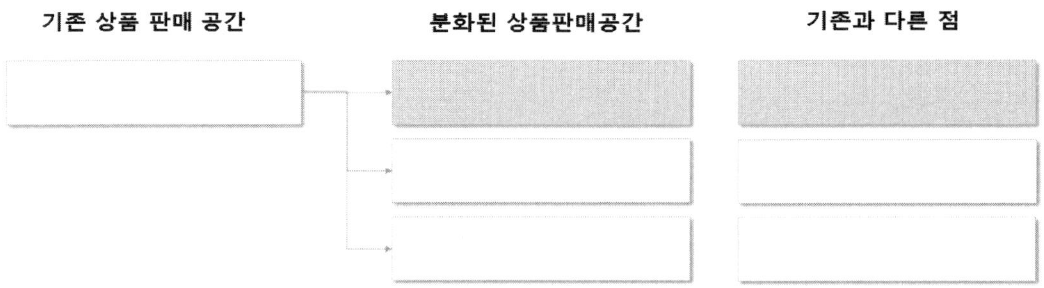

[그림 6-17] 독자들의 연습장 3

3.3 조직의 분할

우리 회사에서 판매하는 상품이 여러 가지이고, 여러 지역에서 판매한다고 가정하자. 우리 회사의 영업조직을 제품별로 분할할지, 지역별로 분할할지 등의 의사결정은 몬드리안

의 화면분할과 동일한 분할의사결정이라 할 수 있다. 즉, 경영자나 마케터는 조직을 어떤 방식으로 나누느냐에 따라 조직의 효율성은 매우 달라지게 된다. 조직의 분할을 어느 기준으로 나누고, 어느 정도로 나누는가에 따라 기능이나 활동공간이 달라지게 된다. 더구나 매출이나 이익성과도 달라지게 된다.

3.4 재무상품의 분할

이렇게 분할의 구조가 성과에 영향을 미친다는 것은, 재무관리에서 자본포트폴리오를 구성할 때도 적용된다. 어느 자본원천을 어떻게 분할하여 자금조달을 받을 것인가에 따라 (채권, 주식발행 등의 구성비) 재무상태가 완전히 달라지게 되고, 이에 따라 재무위험이 달라지게 된다. 재무적 변화관리는 결국 자본조달계획의 분할계획을 기업목표에 맞게 장기적으로 분할하는 것을 말한다.

4 ▸▸ 참고문헌

- 곽영식(2006), 신상품 개발: 진주산업대학교
- 곽영식(2015), 창업자를 위한 비즈니스모델 개발 템플릿, 서울: 피앤씨미디어.
- 곽영식(2013), 창업을 위해 미학에서 배우는 신제품개발: 서울: 피앤씨미디어.
- 곰브리치, 에른스트(2003), 서양미술사, 서울: 예경.
- 김홍기(2007), 그림이 된 건축 건축이 된 그림, 서울: 아트박스
- 남무성(2006), Jazz it up, 서울: 고려원북스.
- 데얀 수직(2012), 사물의 언어, 서울: 홍시.
- 송인갑(2004), 향수, 서울: 한길사.
- 승효상 외(2005), 건축이란 무엇인가? 서울: 열화당.
- 로라 B. 와이스(2013), 아이스크림의 지구사, 서울: 휴머니스트.
- 이윤경·곽영식·홍재원(2004), 숨겨진 이익을 찾는 가격전략, 서울: 베넷.
- 이지은(2007a), 귀족의 은밀한 사생활, 서울: 지안.
- 이지은(2007b), 유럽장인들의 아틀리에, 서울: 한길아트.
- 지상현(2002), 시각예술과 디자인의 심리학, 서울: 민음사.
- 진중권(2008), 진중권의 서양미술사, 서울: 휴머니스트.
- 최상운(2008), 보랏빛 바다의 향연: 프로방스 라벤더 시장, 서울: 한국문화관광연구원.

너울 2008년 2월호.

- 최완수(1994), 명찰순례1, 서울: 대원사.
- Arnheim, R.(1974), Art and visual perception: A psychology of the creative eye. CA: UCLA.
- Eco, U.(2004), On beauty: A history of a western idea, London: Secker & Warburg.
- Gombrich, E.(1977), Art and illusion: A study in the psychology of pictorial representation. London: Phaidon.
- Moon(2010), Different: Escaping the Competitive Herd, NJ: Crown Besiness.
- Ries, A. and Ries, L.(2004), The origin of brand, NY: Harper Business.
- Raju, J. and Zhang, Z.(2010), Smart Pricing: How Google, Priceline, and Leading Businesses Use Pricing Innovation for Profitability, NJ:Wharton School Publishing
- Schmitt, B. and Simonson, A.(1997), Marketing Aesthetics, NY: Free Press.

제 7 장

대체를 통한 가치창조

> ▸ 거의 모든 상품의 역사는 대체의 역사이다.
> ▸ 우리에게 익숙한 상품의 재료나 구성요소를 다른 것으로 대체만 해도 고객은 우리상품을 새로운 것으로 보게 된다.

SCAMPER의 첫 번째 창의원리(S)는 대체(substitution)이다. 기존의 것을 새로운 것으로 바꾸어 그 기능이나 역할을 변경하는 것이 대체이다.

이 장에서는 붓의 역사를 살펴보면서 주로 붓의 질을 결정하는 '붓털'이 아주 여러 소재로 대체되는 것을 보여준다. 이런 contents의 변화에 대한 지속적인 노력이 신제품탄생의 주역이다. 이렇게 몇 천 년의 역사를 지닌 붓이 대체의 역사를 가짐을 설명함으로써 우리 주위 대부분의 문화적 상품들이 모두 대체의 역사를 갖고 있음을 알게 될 것이다.

이 장에서는 1) 붓의 역사를 대체의 역사로 서술하고*, 2) 일반 상품에서 기능을 대체한 여러 사례를 제시한 후, 3) 독자들이 대체 연습을 할 수 있는 기회를 제공한다.

1 ▸▸ 붓의 역사

1.1 명칭이 다양했던 붓

붓은 동양 문화권에서 사용했던 필기도구로서 없어서는 안 될, 귀중한 도구이다. 붓은 주로 짐승의 털을 이용하여 필관(筆管)에 붙여 만들었다. 춘추전국(春秋戰國)시대에 나라마다 문자가 다르듯이 붓에 대한 명칭도 같지 않았다. 예를 들어 초(楚)나라에서는 '율(聿)', 오

* 붓의 역사에 대한 글은 발표되지 않은 균당 이두희박사의 글에서 뽑았음

(吳)에서는 '부율(不聿)', 연(燕)나라에서는 '불(弗)', 단지 진(秦)에서만 '필(筆)'로 불렀다. 진시황이 6국을 통일하자 비로소 전국적으로 모두 '필(筆)'로 부르게 됐고 지금까지 사용되고 있다.

1.2 짐승의 털과 필관(筆管)이라는 통이 결합

1.2.1. 중국의 붓

붓은 그림과 글씨를 위해 발명되고 사용되었다. 처음에는 그림을 그리기 위해 붓이 사용된 것으로 추정된다. 신석기시대 유적에서 출토된 서안시(西安市) 반파(半坡)문양은 섬세한 붓을 이용하여 그림을 그렸던 흔적이 확실하다.

시간이 흘러 출토된 은(殷: BC1600~1028)나라 시대의 옥기에서 발견된 갑골문자 중에는 모필을 사용하여 글씨를 쓴 흔적이 발견됨으로써 은나라 때부터 이미 붓이 사용되었다는 것이 사실화 되었다. [고금주문답역의(古今注問答繹義)]에는 "예로부터 서계(書契)가 있었는데 이것이 곧 붓이 되었다(自古有書契已來便應有筆)" 라고 하였는데, 여기서 말하는 서계(書契)란 창과 칼로 긁어서 문자의 형태를 나타낸다는 뜻으로 중국에서는 이것을 의역화해서 '화(畵)'라고 하였고, 붓은 '서(書)'라고 하였다. 즉, 그림과 글씨에 모두 붓이 관련되어 있다는 뜻이다.

전국시대의 붓으로는 1954년 장사시(長沙市)에서 발굴된 전국시대 묘장품에서 죽간(竹簡: 대나무 편지)이 발견되었고, 그 속에서 한 자루의 모필이 발견되었다. 이 붓은 어느 정도의 기술이 갖춰진 것으로 보인다. 또한 [고금주문답역의(古今注問答繹義)]에는 "옛날에 마른 나무로 붓대를 만들고 사슴털로 붓촉을 만들어 양털을 입혀서 만들었다. 진의 몽념이 토끼털과 대나무를 이용하여 붓을 만들었다(古以枯木爲管, 鹿毛爲柱, 羊毛爲被, 秦蒙恬始以兎毫竹管爲筆)". 이는 몽념 이전에 이미 붓이 있었다는 설명이고 토끼털로 붓털을 대체한 "죽관토호(竹管兎毫)"로 붓이 만들어진 것은 기존 붓의 구성요소들에서 변화가 있었다는 것을 뜻한다.

1.2.2 손과 붓의 결합인 筆

'필(筆)'자의 초창기 문자를 해석해 보면 오른손으로 막대기를 잡고 있는 형태인데 후대에 '죽(竹)'자를 붙여 지금의 '필(筆)'자로 사용되었다. 한(漢)대의 許愼의 설문해자(說文解字)를 보면 '필(筆)'이란 진(秦)나라에서 일컬어 율죽(聿竹)이라고 하였다. 또 '율(聿)'이란 "이른바 글이다(所以書也)"라고 하였고, 주석(注)에는 "율(聿)은 글을 쓰는데 사용하는 물건이다(聿者所用書之物也)"라고 하였다.

이와 같이 붓(筆)자의 한자는 그 자체가 손과 붓의 결합인 것이다. 우연적인 결합보다는 의도적인 결합으로 보인다. 손으로 붓을 잡고 있는 형상을 발음하여 '필'이라 한 것이다.

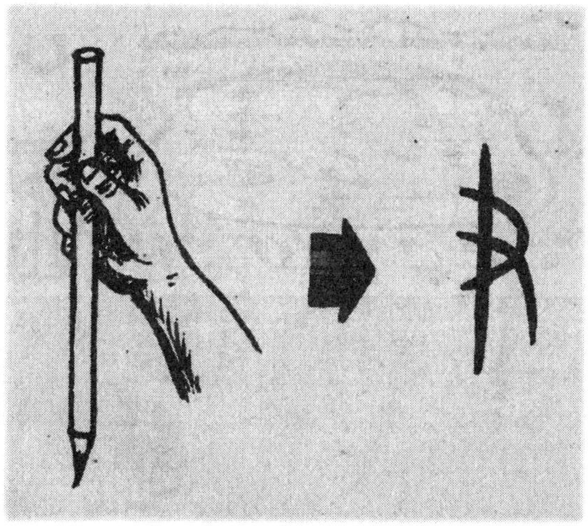

[그림 7-1] 붓(筆)의 초창기 문자는 손으로 막대를 잡는 형태이다.

1.2.3 한국의 붓

우리나라의 붓 가운데 가장 오래된 것은 기원전 1세기경 의창 다호리(茶戸里)유적의 붓을 들 수 있다([그림 7-2] 참조). 이 붓자루는 중국의 붓과 다른 형태로 만들어 진 것을 볼 수 있다. 붓은 모두 5점이 출토되었는데, 모두 나무를 깎아서 칠(漆)을 하였고 붓털이 붓대의 양쪽에 다 있다는 것이 중국과 다른 점이다. 붓대가 양쪽으로 달려 있으므로 중국의 붓보다 붓대가 하나 더 추가된 독특한 형태를 취하고 있다.

백제와 고구려의 붓은 벽화의 그림에서 그 흔적을 찾아 볼 수 있으며 신라와 같이 매우 가는 붓부터 굵은 붓에 이르기까지 종류도 많았을 것으로 보인다. 고려시대에는 필기도구가 발달하여 중국 사람들도 고려의 붓이 우수하다고 말 할 정도였다.

조선시대에 들어서면 국가의 공조(工曹)에 필장(筆匠)이 있어 임금의 붓을 만들었다. 관에서 뿐만 아니라 민간에서도 붓을 생업으로 하는 상인이 나타났다. 조선시대의 붓 역시 중국의 사대부들에게 많은 인기가 있었는데 일통지(一統志)의 기록에 의하면 "조선의 토산품 중에 낭미필(狼尾筆)이 있다. 필관(筆管)은 작고 붓촉의 길이는 1촌(寸)에 불과하며 필봉이 예리하고 둥근데 쥐의 노란 수염으로 만들었고 낭미(狼尾)로 만들지는 않았다"라고 하였다. 이 기록에는 토끼털도 아닌 쥐털이 대체되어 사용되었음을 알 수 있다. contents측면에서 붓의 털 재료가 다양하게 대체되어 제작하는 것이 시도되었음을 알 수 있다.

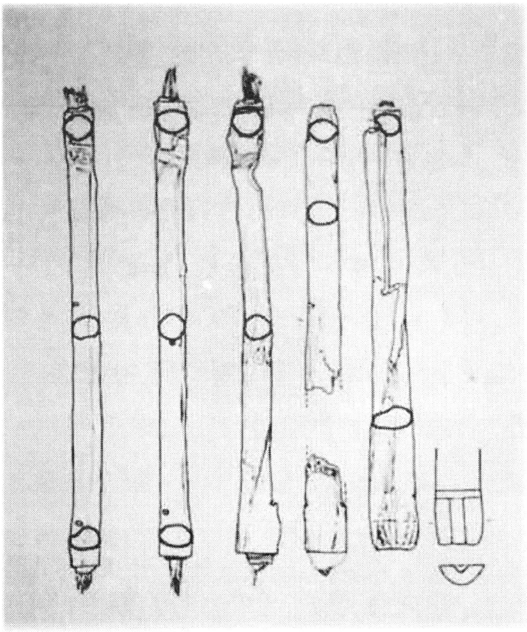

[그림 7-2] 의창 다호리유적 출토 붓

1.3 붓의 종류

1.3.1. 형태-색상 분석

붓의 종류는 크기별, 색상별, 재료별로 각양각색이다. 즉, 형태(shape)측면에서 크기(size)의 다양성이 매우 두드러진다. 붓이 가진 수 만 년의 역사 속에서 붓의 크기는 가장 많은 변화를 가져왔다. 지금도 약 300여 종류의 규격이 존재한다.

상대적으로 색상의 다양성은 형태나 크기의 다양성보다는 적은 편이다. 따라서 미래 붓의 발전은 다른 색상으로 대체하는 방향으로 전개될 기회를 갖고 있다.

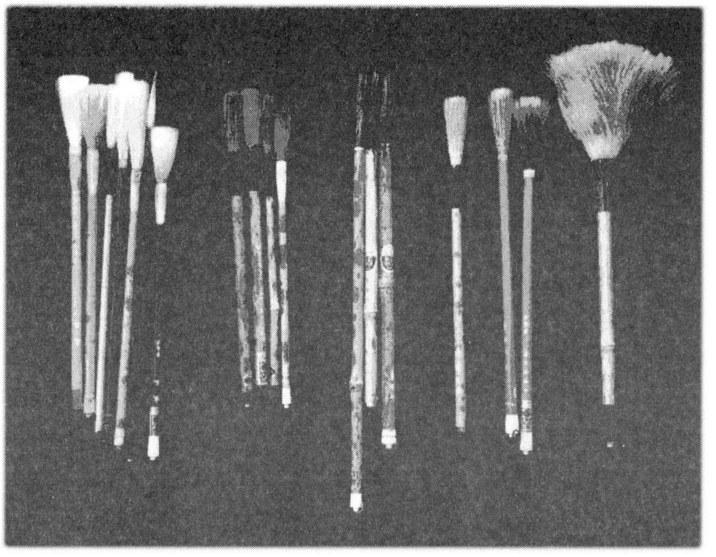

[그림 7-3] 붓의 종류는 크기, 색상, 재료별로 각양각색이다.

[그림 7-4] 큰 붓을 두 손으로 들고 있는 해강 김규진 선생님

1.3.2 내용 분석

한편, 내용(contents) 측면에서 붓의 재료는 매우 다양하다. 이들은 서로 대체 가능하며, 붓털의 종류에 따라 그림이나 글씨의 차이가 발생하게 된다. 따라서 오랜 역사를 통해 더 좋은 붓의 재료를 찾기 위한 대체 노력이 계속되어 왔다는 특징을 보인다. 현재 사용되는 붓털의 재료에 의해 몇 가지로 붓을 분류할 수 있다.

1) 양호류(羊毫類): 붓의 털이 산양의 털로 만들어지며 호주필(湖州筆)의 주요 품종이다. 양호필(羊毫筆)의 특징은 비교적 부드럽고 먹 함량이 많으며 원만하고 후덕하게 점획을 쉽게 쓸 수 있다.

2) 낭호류(狼毫類): 낭호(狼毫)는 족제비의 꼬리에 있는 털로 만들어진다. 동북산의 족제비 꼬리가 유명하여 "북낭호(北狼毫)"라고 불리며, 겨울을 난 털이 가장 좋아 세밀하고 날카로우며 윤활하고 탄성이 풍부하다. 양호에 비하면 강하고 힘이 세다.

3) 자호(紫毫): 토끼털로 만들어지며 색깔이 자흑(紫黑)색으로 윤택이 난다. 특징은 털끝이 예리하고 날카로우며, 탄성은 낭호(狼毫)보다 강하다. 중국 안휘성(安徽省)에 출산한 야생 토끼의 털이 유명하다.

4) 겸호(兼毫): 겸호는 강함과 부드러움의 두 종류의 털을 이용하여 만들어진다. 겸호필의 종류는 두 종류의 털을 섞어서 같이 만드는 방식과 붓의 가운데 심지는 자호로 만들고 외피는 양호로 감싸는 방식으로 만든다.

5) 기타: 계호(鷄毫)는 닭의 가슴부위의 털, 산마호(山馬毫)는 말의 털, 서수필(鼠須筆)은 쥐의 수염, 저종필(猪鬃筆)은 돼지 강모로 이 외에 꿩, 호랑이, 원숭이, 거위, 오리의 털, 심지어 사람의 수염으로도 만들며 태아의 머리털로도 만든다. 또한 식물을 이용해 붓을 만드는데, 대표적인 것이 죽필(竹筆)이며 볏짚으로도 만든다.

[그림 7-5] 붓에 쓰이는 각종 털(김용식)

[그림 7-5]에서 윗줄은 왼쪽부터 인조모, 염소다리털, 개털, 너구리털이고, 아래는 염소털, 말털, 돼지털, 소귀털이다.

위 내용의 목적은 독자들에게 붓털을 구성하는 털의 다양함을 소개하는데 있다. 붓의 성능과 특정상황에서의 표현을 위해, 필요한 붓털을 확보하기 위해, 많은 사람들이 많은 털들에 대한 시행착오를 오랜 시간동안 해 온 결과가 위에서 나타난 것이라는 것을 저자는 보여주고자 하는 것이다. 이를 통해 현재 판매되고 있는 제품의 재료가 얼마나 다양한 소재들로 대체될 수 있는지에 대한 자극을 독자에게 주고자 하는 것이다.

1.4 동양의 붓이 서양의 펜을 만나 붓펜이 되다

붓펜은 한마디로 실용성과 편리성을 강조하는 제품으로, 붓에 먹물이 추가(dressing)되어 있다고 평가할 수 있으며, 붓이라는 동양의 필기도구와 펜이라는 서양식 형태가 합성 또는 결합된 제품으로 판단할 수 있다.

예를 들어 일본의 문구용품 중에는 붓펜이 잘 발달되어 있다. 일본에는 연하장을 주고받는 문화가 있어 평소에 붓글씨를 안 쓰는 사람이라도 연말이 되면 붓을 잡고 쓰기 때문인데, 이 때 붓으로 쓰기 힘든 사람은 붓과 차이가 거의 없는 붓펜을 대신 사용한다.

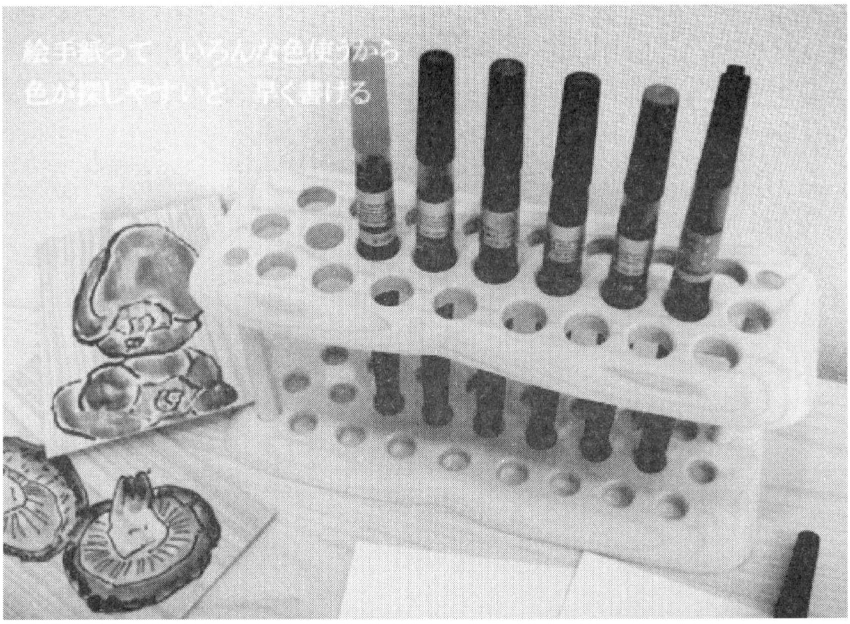

[그림 7-6] 색상이 더해진 붓펜

붓펜은 붓글씨에 사용되는 편리성이 있었다. 이렇게 붓과 펜이 합성되고 난 이후에, 다시 다양한 색상의 붓펜으로 진화하였다. 이 붓펜으로 그림도 쉽게 그릴 수 있게 되었다. 즉, 붓펜에 색상(color)이 들어가는 신제품이 출시되었다.

심지어 삼성전자의 갤럭시 노트 스마트폰에서 제공하는 펜에는 붓펜글씨를 선택할 수도 있게 되어 있다.

1.5 전혀 새로운 대체를 통한 신제품 — 태모필

본래 알레아토릭(aleatorik)이란 우연에 맞겨 무엇인가를 창조하는 것이다. 이런 측면에서 태모필의 개발은 전혀 관계를 연결시킬 수 없는 붓과 아이의 태모가 만난 사건이라 할 수 있다. 어느 누군가의 기가 막힌 마케팅 상품이라고 해석해도 될 정도이다.

태모필은 아기가 태어난 뒤 처음 깍아 준 머리카락(배냇머리)만을 사용하여 만든 붓이다. 배냇머리를 붓털로 만드는 이유는 처음 머리카락은 끝이 있으나 한번 깎은 머리카락은 끝이 뾰족하지 않고 잘린 상태로 자라기 때문이다. 일생에 한 번 밖에 만들 수 없는 특별함을 지니는 태모필은 아기의 탄생을 기념하여 소장가치가 매우 높은 제품이라 할 수 있다.

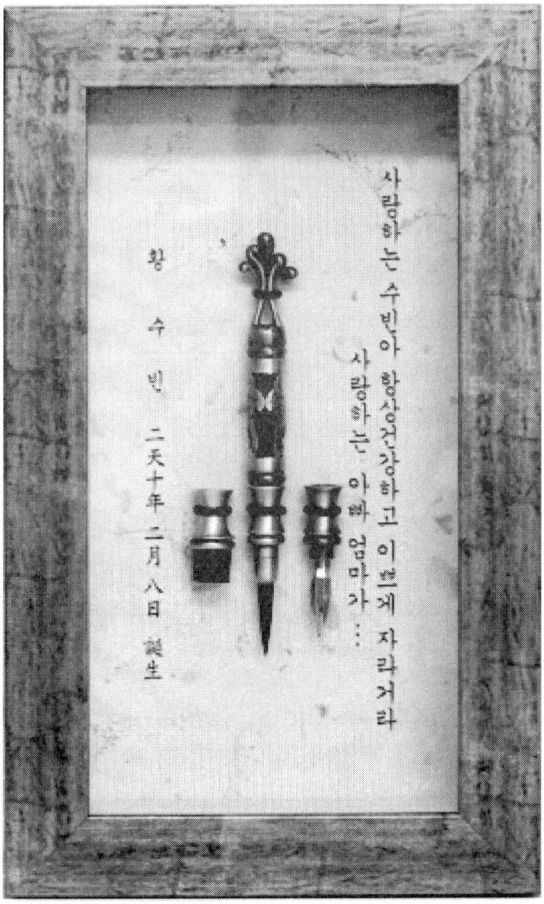

[그림 7-7] 태모필의 예

1.7 미래제품 개발방향

붓의 역사에서 가장 주목되는 것은 붓털 소재의 대체이다. 따라서 미래 붓의 제품개발 방향성을 아래와 같이 나열할 수 있다.

- 동양적인 붓이 서양적인 형태와 만나기
- 색상과 만나기
- 자연털이 아닌 인공섬유를 붓털로 사용하기
- 털이 아닌 성분의 새로운 소재가 붓털이 되기
- 현대 IT제품과 붓의 만남

- 붓은 근본적으로 터치(touch)제품이므로 디지털 시대에 터치(touch)감을 상승시킬 수 있는 재료로 변화를 주기

1.8 참고문헌

- 李樂毅 著,『漢字演變五百例』, 北京語言學院出版社, 1992
- 정동찬·홍현선·윤용현,『붓과 벼루』, 국립중앙과학관－겨레과학기술 조사연구, 2001
- 김종태,「필장」, 무형문화재보고서 제188호, 문화재관리국, 1990
- 국립민속박물관,「문방사우 조사보고서－지,필,묵,연 제작과정을 중심으로」, 1992
- 이건무,「다호리유적 출토 붓(필)에 대하여」, 고고학지 4, 1992

2 상품의 소재가 대체되면 신제품이 된다

지금부터는 상품에 사용된 소재가 다른 것으로 대체되는 것을 통해 신제품으로 거듭나는 다양한 산업의 사례를 살펴보자.

- 의복: 옷은 가장 많은 대체의 역사가 숨은 곳이기도 하다. 추울 때 입는 패딩 안의 소재는 오리털일 수도 있고, 대체품으로 거위털일 경우도 있다. 추울 때 입는 외투의 소재가 두꺼운 면일 수도 있고, 가죽일 수도 있고, 모피일 수도 있다. 대체물들끼리 서로 수요경쟁을 하는 경우도 있다. 예를 들어 양모의 사용은 인조 섬유의 이용에 따라 감소하는 추세를 보이고, 인조섬유는 석유에서 만드는 것이므로 유가가 오르면 양모의 수요가 늘어날 수도 있다(야콥 2005).
- 신발: 신발의 소재는 식물성 소재와 동물성 소재가 경쟁적으로 대체되는 현상을 보인다. 조선시대 신은 식물성 소재인 짚이나 동물성 소재인 가죽으로 되어 있었다. 일제강점기에 처음으로 고무신이 등장하여, 기존 소재를 인공적인 것으로 대체했다. 이후 서양식 구두가 등장하면서 새로운 가공형태의 가죽 등으로 신발의 주요 소재가 변경되었다.
- 교통수단의 소재: 최근 출시되는 자동차는 겉면의 소재가 플라스틱인 것도 있다. 우리나라에서 항공기를 제조판매하는 KAI에서 생산하는 다용도 훈련기인 T－50는 날개가 금속 합금이 아니라 종이로 만들어졌다.
- 벽지: 벽면에 부착하는 벽지를 대체할 수 있는 것이 무엇일까? 페인트, 실크벽지로도

대체된다. 서양에서는 테피스트리(tapestry)라고 해서 여러 가지 색상의 위사를 직물로 짠 것을 벽에 걸어 방한용 및 감상용으로 사용하였다. 최근에는 벽지를 붙이는 소재도 새로운 것으로 대체되어 신제품이 출시되고 있다. 벽지를 붙일 때 사용하는 풀 대신 접착제를 바른 상태인 벽지가 판매되고 있다.

- ► 식품: 서울우유가 우리나라에서 우유를 개별소비자를 위해 시중에 판매하기 시작했을 때, 유리에 우유를 담아 제공했다. 이 유리 포장이 비닐 사각형포장으로 변화했다가, 1980년대 종이팩으로 거의 모두 대체되었다. 우유가 부족할 때는 콩국물을 우유 대신에 이용하기도 한다. 콩은 두부 등과 같이 고기의 대체물로 각광받아왔다. 몇 가지 면에서 인간의 모유에 훨씬 가까운 염소의 젖은 인간의 모유를 대체할 수 있다(야콥 2005). 소의 젖인 우유나 분유는 시유(market milk)로 시중에 판매되고 있으니, 염소의 젖을 이용해서 아이나 어른을 위한 제품을 만들 기회가 아직 남아있다.
- ► 약품: 간장약의 역사는 대체재의 역사이다. 피로회복에 좋다는 동물성 소재와 식물성 소재가 서로 대체되면서 새로운 제품을 만들어 내게 된다. 밀크씨슬, 헛개나무, 표고버섯, 민들레 등은 요즘 각광받는 간기능개선제의 식물성원료이다. 한편, 감기약의 종류를 잘 생각해 보면, 입에 털어 넣는 경구형 약, 사탕처럼 빨아 먹는 약 등 형태의 대체가 다양하게 나타난다.
- ► TV: 대체품의 사용이 완전히 새로운 신제품의 라이프스타일이 된 경우도 있다. 예를 들어 TV는 브라운관에서 PDP, LED 등으로 발광소재의 대체를 통해 신제품을 계속 시장에 선보이고 있다. 또한 TV케이스의 역사는 대체의 역사이다. 베니어판에 광택제를 바른 것을 최초로 사용하다가 플라스틱, 칩보드(재활용한 목재나 종이를 압축하여 만든 판지)로 대체되었다가, 최근에는 화학적 제품으로 대체되었다.

제품카테고리를 하나 선택하여 [그림 7-8]의 빈 칸에 그 상품의 구성요소 중 대체된 것을 적고, 그 결과로 인해 발생한 새로운 효용을 적어보자.

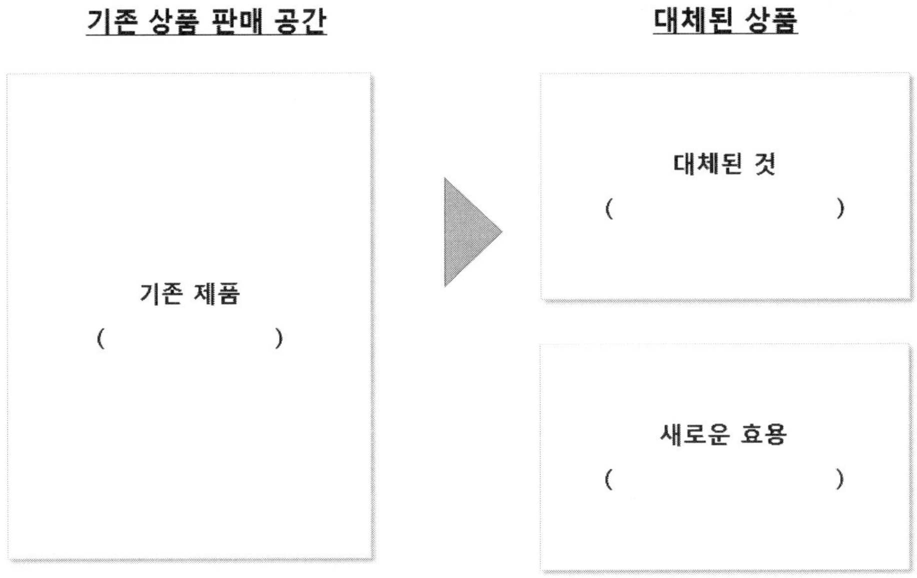

[그림 7-8] 독자의 연습공간 1

3 ▸▸ 기업에서 이루어지는 대체

3.1 서비스의 대체

서비스 대체 사업은 매우 유망한 사업으로 여겨진다. 아래 사례를 보자.

- 중국 스타벅스 매장 앞에는 핸드폰만을 보고 있는 사람이 있다. 회사나 집에 앉아서 스타벅스를 마시고 싶은 사람은 앱에 들어가 자신의 위치와 마시고 싶은 커피 종류를 입력한다. 그러면 앱의 내용을 본 스타벅스 앞의 사람들이 스타벅스 커피를 대신 구매하여, 앱에서 커피를 주문한 사람에게 배달해 준다. 이 사람에게 주문자는 커피값 이외에 약간의 수고료를 지불한다(커피구매대행 서비스).
- 2016년에 중국의 설에는 어린 아이를 고향에 대신 데려다 주는 택배서비스가 실행되었다(부모대행서비스)
- 결혼식에 하객으로 와 주는 서비스는 이제 새로운 것이 아니다.
- 명절 전에 본인 조상이 아닌 남의 산소를 대신 벌초 및 사초해 주는 서비스가 있다.

아래 [그림 7-9]의 빈 칸에 대체가 가능한 서비스를 적어보자.

내가 하던 일인데
귀찮아서 남에게 돈 주고 시키고 싶은 일

이 중 창업하면 충분한 수요가
있을 만한 일

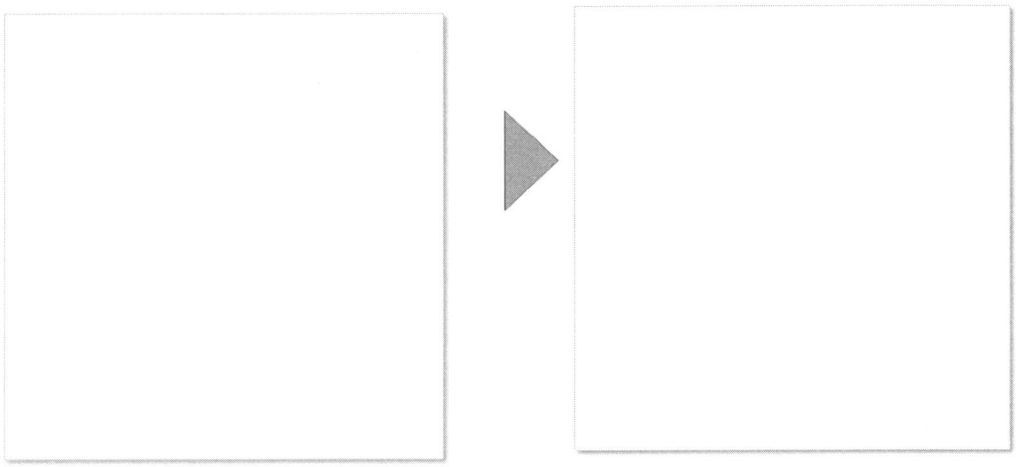

[그림 7-9] 독자들의 연습공간 2

3.2 기업 경영활동에서의 대체

기업경영 활동 중 많은 기능과 역할이 대체되고 있다. 창업자는 이런 경영흐름에서 대체 역할을 찾음으로써 새로운 기회를 갖게 된다.

- 기업이 아웃소싱(outsourcing)을 하는 경우를 생각해 보자. 아웃소싱이란 기업 안에서 이루어지던 기능을 외부사람으로 대체하는 경우를 말한다(김영규 2009). 이러한 대체를 통해 비용절감은 물론, 기업이 집중하고자 하는 부분에 기업의 자원을 몰입할 수 있는 기회를 갖게 된다. 많은 기업들이 자원을 집중하고 싶어서 그다지 회사의 중심 기능이 아닌 부분을 외부에게 맡기는 경향을 보이고 있는데, 이런 현상이 반영된 것이다. 예를 들어, 미국에서는 의사의 진료차트를 대신 기록해 주는 서비스가 등장했다. 많은 경우 대기업의 청소용역 및 주차용역, 직원식당 운영 등은 주로 외부조직과의 계약에 의해 이루어진다. 콜센터(call center)를 갖고 있는 기업 중 아웃소싱을 활용하는 경우도 있다.
- 유통채널의 대체: 증권사를 통해 주식거래를 하는 채널이 인적상담, 전화, ARS 등에

서 온라인(on-line)으로 대체되는 경우도 여기에 해당한다. 고객들이 움직이는 길(channel)은 수시로 변경된다. 채널마다 고객이 느끼는 가치(value)가 변화한다. 새로운 길이 새로운 가치를 부여하면 고객은 당연히 새로운 길로 다닌다.

- 생산의 대체: 애플사는 거의 대부분의 아이폰을 외국회사를 통해 OEM 생산한다. OEM생산방식이란, 나 자신은 생산시설을 가지지 않은 상태에서 타인의 시설에서 우리 제품을 생산하여 우리 상표를 붙여서 판매하는 방법을 뜻한다(김영규 2009).
- 난방의 대체: 1년 내내 냉난방을 하는 대규모 사업장(병원, 식품 공장, 반도체 공장 등)이나 대규모 중앙공급식 지역난방을 실시하는 곳에 Heat pump를 장착하면 평상시 지불하는 연료비의 70%를 줄일 수 있으며, 여기에 해당하는 탄소배출량을 줄일 수 있다. 일본의 대부분 공장에서는 이 Heat pump를 채택하고 있는 데 비해 한국은 이 heat pump를 장착한 공장을 거의 발견하기 힘들다.

그 이유는 해당 사업장이나 지역난방 공급자들이 이 heat pump를 채용했을 때 1)정말 약속된 70%의 연료절감이 있는지를 의심하거나 2) 굳이 이것을 장착하지 않아도 기존 방식으로 냉난방을 했을 때 회사에서의 자신의 지위에 변화가 없기 때문이다. 회사 지배자가 과감하게 이런 대체를 실시해야 한다. 실무종사자가 이런 pump가 있다는 것을 알더라도 이것을 굳이 경영자에게 보고할 필요성을 느끼지 못하기 때문이다. 그런데, 이 Heat pump는 판매자가 자기 비용으로 공장에 장착해 준다. 따라서 물리적인 비용도 공장운영자는 전혀 부담할 필요가 없는 것이다.

4 ▶▶ 참고문헌

- 기호일보(2011), 대기업 금형 전문인력 빼내기 도넘었다. 2011년3월6일.
- 김영규(2009), 경영학원론, 서울: 박영사.
- 데안 수직(2008), 사물의 언어, 서울: 홍시.
- 야콥 하인리히(2005), 빵의 역사, 서울: 우물이 있는 집.
- 야콥 하인리히(2002), 커피의 역사, 서울: 우물이 있는 집.
- 유필화·김용준·한상만(2009), 현대마케팅론, 서울: 박영사.
- 진중권(2008), 진중권의 서양미슬사, 서울: 휴머니스트.

제 8 장

결합(aleatorik or combination)을 통한 가치창조

► 우연이나 의도를 통해 관계가 없던 두 개 이상의 것을 관계있는 것으로 묶어주는 방법을 라틴어로 '알레아토릭(Aleatorik)'이라 한다.
► 결합(Combination)이라는 의미와 통한다.

SCAMPER의 두 번째 창의원리(C)는 결합(Combination)이다. 두 개 이상의 상이한 사물이 서로 합쳐지는 것을 결합이라 한다. 제품카테고리가 최초로 나온 이후에 그 이후에 나온 변종들은 다른 제품카테고리와의 결합을 통해 만들어지는 것이 많다.

이 장에서는 알레아토릭의 사전적 정의를 내리고, 이 방법으로 신제품이 개발된 사례를 소개한다. 그리고 ZIPPO 라이터의 사례를 통해 결합(Aleatorik, Combination)으로 신제품을 만드는 일련의 과정을 보여준다. 마지막으로 독자들이 결합 연습을 할 수 있는 기회를 제공한다.

1 ▶▶ 알레아토릭(Aleatorik)의 정의

알레아토릭(Aleatorik)이란 예술에서 창작의 전부 또는 일부를 우연에 맡기는 방법을 말한다. '알레아'는 라틴어로 '주사위'라는 뜻이다. 가령, 미리 많은 악보나 소재를 나열해 놓았다가 주사위를 던져서 주사위가 가르치는 순서의 악보나 소재 순으로 전체를 완성해 나가는, 일종의 놀이나 암호를 일컬어 알레아토릭이라 한다(진중권 2005). 이 책에서는 알레아토릭을 combination과 동일한 것으로 여기고 우리말로 결합 또는 격자놀이라는 단어를 사용한다.

알레아토릭을 이용하여 창작이 이루어지는 과정과 결과물을 보면, [그림 8-1]과 같이 세 가지 성격으로 나눌 수 있다. 첫째는 사전적 의미의 알레아토릭으로, 사전에 미리 정해 놓은 것들에 무작위로 순서를 부여함으로써 우연에 의해 창작을 하는 경우이다. 창작의 범위가 이미 사전에 정해져 있는 소재의 것에 한정된다. 둘째는 창작과정에 우연성을 가미하여 사후적으로 나온 산출물을 창작물로 여기는 경우이며, 셋째는 창작자가 의도적으로 격자 놀이를 통해 서로 관계없는 것들을 관계있는 것으로 묶어주는 경우이다.

알레아토릭의 구분

구분	내용
사전적/제한적 우연 (a priori)	• 사전에 만들어 놓은 산출물이 존재 • 사전에 만들어 놓은 산출물을 배열순서를 무작위로 결정 • 사전에 결정된 우연성의 범위 • 사례 1: 모짜르트의 미뉴에트악보 • 사례 2: 장 아르프(1887~1966)는 글자가 적힌 종이를 찢어 바닥에 떨어뜨려 얻어지는 낱말의 우연한 조합으로 시를 지었다. • 사례 3: 전위예술가 존 케이지는 샘플을 무작위로 배열해 작곡을 했다.
사후적/임의적 우연 (post hoc)	• 창작의 도구를 의지를 갖고 임의로 전개 또는 실행 후 산출물을 작품으로 인정 • 이미 만들어져 있는 무엇인가를 창작물로 간주하거나 명명 • 사전적으로 우연성을 결정할 수 없음 • 사례 1: 다다이즘 미술가 마르셀 뒤샹(1887~1968)은 1m 길이의 실 세 개를 떨어뜨려 그대로 작품을 삼았다. • 사례 2: 변기를 설치해 놓고 변기라고 작품으로 명명한 경우나 변기에서 아름다움을 채취하는 경우
의도적 격자놀이	• 관계가 없던 도구 것들끼리 의도를 가지고 서로 임의로 묶어주는 행위 • 사례 1: 물감을 대신해서 청바지로 회화작품을 만드는 경우 • 사례 2: Jazz연주가 존 맥러플린은 '마하비슈누 오케스트라'라는 음반에 인도 음악을 일부러 넣은 경우 • 사례 3: 칙 코리아라는 음악가가 라틴 음악과 클래식을 접목한 재즈를 하는 경우

[그림 9-1] 알레아토릭 성격 구분

1.1 사전적/제한적 우연

먼저, 사전적으로 준비된 상태에서 우연을 이용하여 창작을 하는 경우인, 순수한 사전적 의미의 알레아토릭을 살펴보자.

► 초현실주의 조각가이자 시인인 장 아르프(1887~1966)는 글자가 적힌 종이를 찢어 바닥에 떨어뜨려 얻어지는 낱말의 우연한 조합으로 시를 지었다.

► 모차르트는 1770년경 176개의 음절을 미리 작곡하여 어떤 조합에도 완벽한 형태의 미뉴엣이나 트리오가 완성될 수 있도록 했다. 이후 표와 주사위던지기를 통해 미뉴에트의 16마디 작품을 만들어 내었다.

[그림 9-2]는 모짜르트가 미뉴에트를 작곡하기 위해 사용했다는 알레아토릭 악보로 인터넷에서 검색된 자료이다(이 자료는 진중권(2005)이 제시한 악보와 차이가 있다). 이 표에서 가로축은 주사위를 던진 순서이며, 세로축은 두 개의 주사위로 나온 숫자이다. 이 알레아토릭에서는 총 16번의 주사위를 던진다. 이제 예를 들어보자. 첫번째 주사위 던지기를 했다 하자. 이 때 두 개의 주사위를 던져 나온 숫자가 하나는 4 하나는 2라면, 4+2=6 이다. 주사위 횟수인 가로줄 1과 두 개 주사위의 합을 표시하는 세로줄의 여섯째 행을 보면 148이 나온다. 이것이 미뉴에트의 처음을 장식하는 음절이다. 이제 두 번째로 주사위 두 개를 던진다. 이때 나온 숫자는 하나는 6 다른 하나는 6이다. 그러면 6+6=12이다. 그렇다면, 수평축의 2와 수직축의 12번째 행이 만나는 130이 그 다음 소절의 음이다. 이렇게 14번을 더 던지면, 16개 음절의 조합을 찾게 되고 이를 순서대로 나열하면 미뉴에트가 된다.

minuet

	1	2	3	4	5	6	7	8	9	10	11	12	13	14	15	16
2	96	22	141	41	105	122	11	30	70	121	26	9	112	49	109	14
3	32	6	128	63	146	46	134	81	117	39	126	56	174	18	116	83
4	69	95	158	13	153	55	110	24	66	139	15	132	73	58	145	79
5	40	17	113	85	161	2	159	100	90	176	7	34	67	160	52	170
6	148	74	163	45	80	97	36	107	25	143	64	125	76	136	1	93
7	104	157	27	167	154	68	118	91	138	71	150	29	101	162	23	151
8	152	60	171	53	99	133	21	127	16	155	57	175	43	168	89	172
9	119	84	114	50	140	86	169	94	120	88	48	166	51	115	72	111
10	98	142	42	156	75	129	62	123	65	77	19	82	137	38	149	8
11	3	87	165	61	135	47	147	33	102	4	31	164	144	59	173	78
12	54	130	10	103	28	37	106	5	35	20	108	92	12	124	44	131

[그림 9-1] 미뉴에트를 작곡하기 위해 사용된 모차르트 알레아토릭 악보
(출처: http://egloos.zum.com/shildy/v/1420547)

1.2 사후적 임의적 우연

위와 같은 창작물의 경우에는 사전적으로 결정해 놓은 샘플 밖으로의 창작은 이루어지기 힘들다는 단점이 발생한다. 즉, 창작 산출물의 결과가 사전적 결과물의 범위로 제한된다. 따라서 사전적으로 결정되지 않고, 작가가 사후적 결과를 이용하여, 그 산출물의 결과 안에서 작품범위를 취사선택 할 수 있는 경우로 발전한다. 이것이 사후적/임의적 우연을 이용한 알레아토릭이다.

- 다다이즘 미술가 마르셀 뒤샹(Marcel Duchamp, 1887~1968)은 1m 길이의 실 세 개를 떨어뜨려 그대로 작품을 삼았다. 이 작가는 처음부터 실을 떨어뜨리면 실이 무작위로 낙하하면서 이상한 형태가 나올 것이고, 이 이상한 형태에서 아름다움을 느끼면서 작품이라고 주장할 강력한 의도를 갖고 있었던 것이다.
- 미국의 추상표현주의 화가인 잭슨 폴락(Jackson Pollock, 1912~1956)은 엄청난 크기의 캔버스에 마구 물감을 흘리고, 끼얹고, 뿌리고, 쏟아부으면서 몸 전체로 그림을 그리는 '액션 페인팅'을 선보이며 작품을 완성한 사람이다. 물감을 뿌리면서 뿌려지는 물감의 흩어짐이 의도하지 않은 멋진 분산을 보여줄 것을 의도했을 것이 분명하다.

위의 두 사례는 사전적으로 어떤 산출물이 산출될 것을 기대할 수 없다는 특징을 갖기 때문에 결과적으로는 사전적/제한적 알레아토릭보다 훨씬 풍부한 산출물을 얻게 된다.

1.3 의도적 격자놀이

위와 같이 우연에 의해 창작이 이루어지기도 하지만, 의도(intention)를 갖고, '관계가 없는 것들끼리' 관계를 맺어주는 것도 알레아토릭의 확장으로 이해할 수 있다. 저자는 이를 '의도적 격자놀이'라고 부른다.

- 재즈음악가 존 맥러플린(John McLaughlin, 1942~)은 1970년대에 들어와 인도철학 등에 심취한 결과 인도의 민속적인 음계를 재즈에 응용하였다.
- 재즈음악가 칙 코리아(Chick Corea, 1941~)는 라틴 음악과 클래식을 접목한 재즈를 연주한다.
- 오스트리아 비엔나(Wien, Vienna)에서 유명한 것 중의 하나가 커피이다. 우리가 비엔나 커피라고 부르는 것에 가장 유사한 것이 '아인슈패너 커피(Einspanner coffee)'인데, 진한 블랙커피에 아이스크림이나 휘핑을 올려주는 것이다. 반대로 이탈리아의 아포가토(Affogato)는 아이스크림 위에 진한 에스프레소 커피를 끼얹어 먹는다. 이 둘 모

두 차가움과 뜨거움의 만남인 알레아토릭이다.

이 책에서는 세 번째 '의도적 격자놀이'를 중심으로 예술품들의 창작과정이나 내용을 살펴보고, 이 방법에 의해 신규 제품/서비스의 개발뿐만 아니라 정치, 경제, 사회의 몇 가지 이슈를 창작해 본다. [그림 9-2]는 의도적 격자놀이 형태의 알레아토릭을 보여주고 있다. 첫째 열에는 기존제품에 결합할 만한 무엇인가를 적는 곳이다. 두 번째 열의 맨 윗 행은 우리가 관심있어 하는 제품이나 서비스를 놓는다. 그러면, 첫째 열의 세로에 놓여있는 대상과 둘째 줄의 첫 행에 있는 플랫폼(platform)이 만나는 격자에 새로운 신제품이 구성(design)된다. 경영자는 이 새로운 격자의 시장성을 점검하면 된다.

알레아토릭으로 새롭게 등장한 것	우리의 기존 제품 (platform)
엉뚱한 대상 1 (module 1)	격자 1 신제품 (=platform+module1)
엉뚱한 대상 2 (module 2)	격자 2 신제품 (=platform+module2)

알레아토릭(격자놀이)에 의한 새로운 사업기회

[그림 9-3] '의도적 격자놀이'의 기본 형태

2 ▶▶ 알레아토릭을 통한 신제품 개발

[그림 9-3]을 이용하여 우리 실생활에 알레아토릭 기법을 적용시키는 가장 간단한 방법은 격자놀이를 통해 격자에서 만나는 곳을 시장기회로 찾는 방법이다. 이 과정에서 우리는 세로와 가로 격자에 넣을 내용(contents)을 생각하게 하는 기회가 되고, 그 격자에서 만난 새로운 창작물의 실현가능성을 점검하는 기회를 갖는다.

- ► 예술에서의 알레아토릭은 기존에 관계없던 것을 우연이나 의도적으로 결합시키는 것
- ► 경영에서의 알레아토릭은 내 사업과 관련 없던 것을 우연이나 의도적으로 결합시키는 것

2.1 알레아토릭으로 제품 간단히 만들기

어느 TV프로그램에서 선보인 '라면' 만들기 프로그램에 등장한 라면 사례를 보자. 모두 의도적 격자놀이를 통한 알레아토릭을 시도하고 있다. 라면을 플렛폼으로 하고 우엉, 녹차, 닭고기 등을 모듈로 다양한 라면을 만들어 내고 있음을 알 수 있다.

향수를 상품화하는 과정은 온통 알레아토릭의 과정이다(송인갑 2004). 향수의 원료가 되는 향료는 크게 천연 향료와 합성 향료로 나눌 수 있다. 천연 향료는 그대로 자연에서 채취되는 식물과 동물의 향료를 말하고, 합성향료는 인위적으로 만들어진 인공향료이다. 우리가 사용하는 향수의 대부분은 이 두 가지 향료를 모두 사용하여 만든 조합향료이다.

천연향료는 다시 식물성 향료(꽃 잎, 과피, 열매, 씨앗, 뿌리)와 동물성향료(머스크 앰버그리스, 시벳, 캐스토리움)으로 구분된다. 약 100여종의 천연향료가 있다. 합성 향료는 인위적으로 채취할 수 없거나 소량 생산되는 천연향료의 성분을 화학적으로 분석하여 합성해낸 향료로, 향을 분리하여 다른 원료와 화학적으로 처리한 후 유사한 향을 만들어 내는 과정을 거친다.

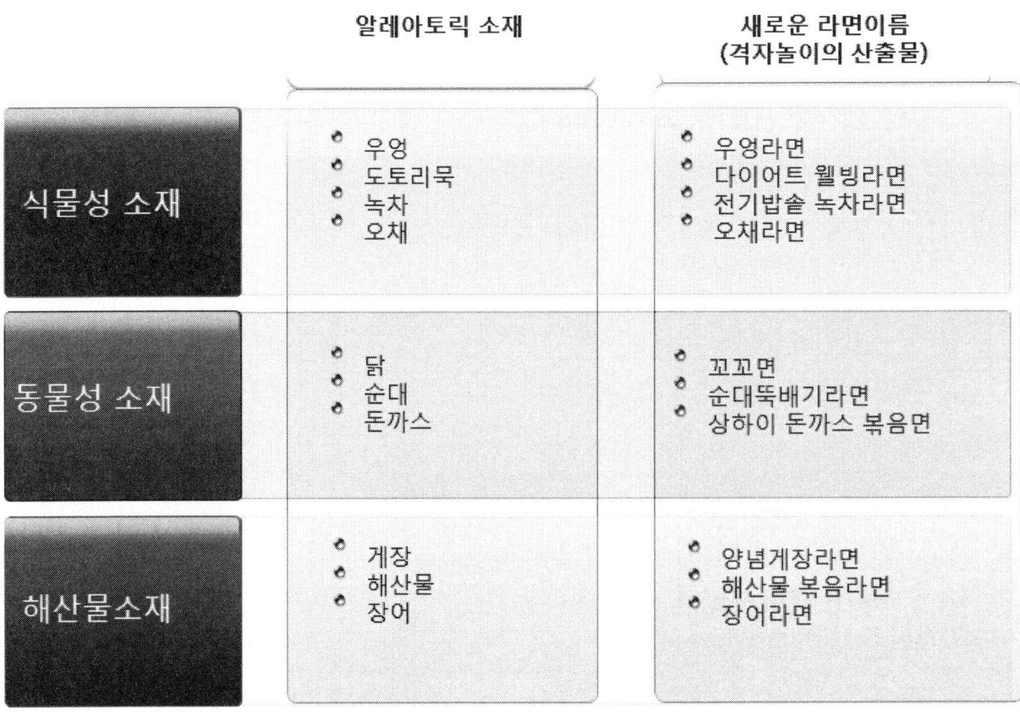

[그림 9-4] 알레아토릭을 통해 강제 결합된 재료와 다양한 라면

수천 종 이상의 인공합성원료가 존재한다. 이러한 천연향료와 인공적인 합성 향료가 조합되어 향수 원액이 만들어지며, 이 때 향수 원액을 콩상트레(concentree)라고 부른다. 여기에 알코올을 합쳐 향수로 만든다. 100여 종의 천연향료와 수천 종의 합성향료가 조합을 이루므로, 셀 수 없이 많은 조합이 가능하게 된다. 이렇게 많은 향수조합을 만드는 것이 바로 조향사가 하는 알레아토릭 작업인 셈이다.

전 세계 수많은 와인이 여러 포도품종의 와인을 블렌딩(섞어서)해서 만들어진다. 가령, '신의 물방울'이라는 만화 9권에 나오는 바치오 디비노(Bacio Divino)라는 와인은 미국 나파밸리에서 생산되는 이탈리아 투스카니 지방스타일의 와인이다. 이 책에 나오는 바치오 디비노 2000년도 빈티지는 와인제조 포도품종인 Cabernet Sauvignon, Sangiovese, Petit Syrah, Merlot 등 4개 품종을 각각 57%, 17%, 17%, 9%로 의도적으로 조합(알레아토릭)되어 있다.

같은 이름의 와인이라도 해마다의 포도의 익는 정도, 당도 등 작황에 차이가 발생하므로, 와인메이커(Wine Maker)가 의도하는 와인의 맛을 완성하도록 각 품종의 비율을 해마다 다르게 하여 생산한다.

2.2 지역 이벤트 만들기

간단한 이벤트도 간단한 격자놀이로 만들어낼 수 있다. 첫 번째 열에는 도시나 지역명이 적혀있다. 첫 번째 행에는 우리가 알레아토릭을 원하는 대상을 가로로 나열하고 있다. 마라톤을 격자놀이를 통해 알레아토릭한다고 상상해 보자. 뉴욕과 마라톤을 알레아토릭하면 뉴욕마라톤이 된다. 보스톤과 마라톤이 만나는 격자는 보스톤마라톤이 된다. 프랑스 메독지역은 와인으로 유명하나 마라톤 이벤트는 없었다. 그렇다면, 마라톤과 프랑스 메독 지방이 만나는 격자놀이의 결과로서 메독마라톤을 만들 수는 없을까? 실제로, 메독지방에서는 와인과 관련된 사람들이 와인과 관련된 복장을 한 채 마라톤을 하는데, 단지 뛰는 것이 아니라 주요 와이너리(Winery)를 순회하는 마라톤을 한다. 이 메독지방의 와인마라톤은 아주 유명한 행사가 되었다(다다시 아기, 2010). 이제 경남 함안도 마라톤 이벤트를 한다. 둑방을 뛰는 마라톤이다.

지역 또는 도시명	알레아토릭 대상 (마라톤)	알레아토릭 대상 (와인)
뉴욕	뉴욕 마라톤	
보스톤	보스톤 마라톤	
프랑스 메독	메독 마라톤 (새로운 이벤트)	메독 와인
프랑스 칼바도스	칼바도스 마라톤 (새로운 이벤트)	사과 브랜디, 칼바도스 (Calvados)
경남 함안	에코싱싱 함안 둑방 마라투어	사과와인??

[그림 9-5] 격자놀이를 이용하여 마라톤과 와인을 지역과 연결시키는 경우

3 ▶▶ 독자의 채워 넣기 연습

이제 기존의 제품/서비스를 알레아토릭으로 바꾸어 새로운 창업신제품을 설계해 보자. [그림 9-6]은 아주 간단한 격자놀이의 양식이다.

첫째, [그림 9-6]의 수평축의 플랫폼 란에 기존의 제품이나 서비스의 이름을 적어보자.

둘째, 수직축의 모듈 란에 기존제품/서비스의 부가가치를 높일 만한 새로운 제품/서비스 카테고리를 넣어보자.

셋째, 결합상품을 적어보자.

넷째, 새롭게 채워진 격자 중에서 기업에 가장 많은 비용 대비 효익을 가져다주는 상품이 무엇일지 확인해 보자.

새롭게 결합한 재료	플랫폼 ( )
모듈 1 ( )	결합된 신상품1 ( )
모듈 2 ( )	결합된 신상품 2 ( )

[그림 9-6] 단순한 알레아토릭 연습장

4 ▸▸ 참고문헌

- 곽영식·홍재원·이윤경(2007), 마케팅가격전략, 서울: 베넷.
- 곰브리치, E.(2003), 서양미술사, 서울: 예경.
- 김종근(2004), 달리: 나는 세상의 배꼽, 서울: 평단아트.
- 박유식(1995). 서비스 가격전략에 관한 연구: 해운서비스의 비선형가격설정 방법을 중심으로, 성균관대학교 박사학위논문.
- 송인갑(2004), 향수, 서울: 한길사.
- 이명옥(2009), 그림읽는 CEO, 서울: 아트북스
- 알랭 드 보통(2002), 여행의 기술, 서울: 이레.
- 야콥 하인리히(2005), 빵의 역사, 서울: 우물이 있는 집.
- 이명옥(2008), 그림읽는 CEO, 서울: 21세기북스.
- 장하준(2010), 그들이 말하지 않는 23가지. 서울: 부키.
- 정재영(2008), 철학, 도시를 디자인하다. 서울: 풀빛.
- 진중권(2005), 놀이와 예술 그리고 상상력, 서울: 휴머니스트.
- 타다시 아기(2010), 신의 물방울, 서울: 학산문화사
- 헨리 데이빗 소로(2003), 소로우의 일기, 서울: 도솔. 윤규상옮김.
- Li, Leyi(1992), 한자연변오백례, 북경어언학원출판사.
- Rand, H.(2007), Hundertwasser, Koeln: Taschen.
- Tacke G(1988).Nichtlineare Preisbilding: Theorie, Meassung and Anwendung. Gabler.
- http://sunsite.univie.ac.at/Mozart/dice/collaborate.cgi?tables=yes

별첨: Zippo는 형태, 색상, contents의 알레아토릭으로 80년 동안 존재해왔다.
(자료원: www.zippo.com)

Zippo라이터가 1932년 생산되기 시작한 이후 지금까지의 역사를 보면, shape(형태)의 변화, color(색상)의 변화, contents(내용)의 알레아토릭을 보여준다. 1935년에 지금의 기본형태가 나타나고, 1935년에 contents(내용)의 알레아토릭이 시작되었다. 그 이후, 다른 회사들과 공동마케팅으로 알레아토릭을 통한 많은 신제품을 창출해 내고 있다.

1. zippo의 탄생과 형태

1932년 미국 펜실베니아 주에서 Zippo라이터가 맨 처음 생산되었을 때, 이 제품의 길이는 이후에 생산된 제품보다 1/4인치 정도 더 길고, 직사각형이었으며, 모서리가 아주 날카롭게 각이 져 있었고, 아무런 장식이 없었다. 1933년 모델에서 모서리에 두 줄씩 선이 간 모델이 등장했다. 즉, 두 선이 dressing된 것이다.

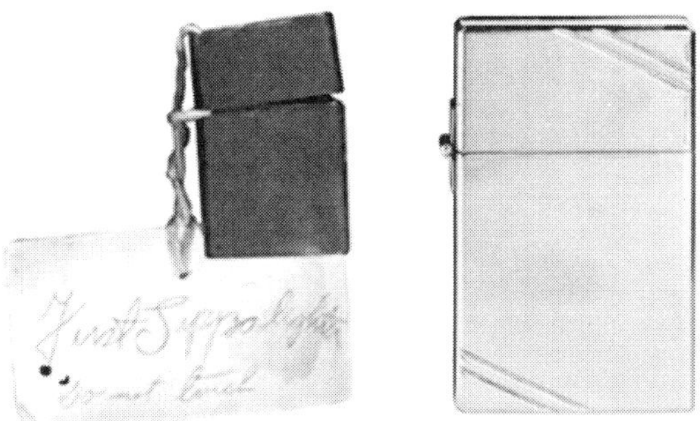

[그림 1] Zippo의 1932년 최초모델(왼쪽)과 1933년의 두 줄의 선이 그어진 모델

2. Zippo의 길이가 결정되고, 최초의 알레아토릭이 시작되다.

1935년 Kendall Refinery라는 정유회사가 Zippo라이터에 회사이름과 로고가 새겨진 라이터를 대량으로 주문했다. 이 때 제작되어 공급된 라이터는 1932년의 오리지널 형태의 Zippo보다 길이가 1/4인치 짧았다. 이 1932년 제품보다 짧은 라이터가 Zippo라이터의 표준키가 된다. 즉, 원래 길이에서 1/4가 짧아지는 stripping이 있었던 것이다. 이 길이가 지금 우리가 보는 Zippo의 길이가 된다.

여기에 이 정유회사의 로고가 들어가면서 다른 콘텐츠와 결합(aleatorik)이 최초로 시작되었다. 이것이 자연스럽게 다른 회사들과 함께 Zippo의 신제품이 선보이는 계기가 되었다. 이 1935년 제품에서도 네 모서리는 날카롭게 각이 져 있고, 양 모서리에 두 줄의 선이 장식으로 더해져 있다.

[그림 2] 1934년 Kendal Refinary와 공동마케팅을 수행한 Zippo의 알레아토릭

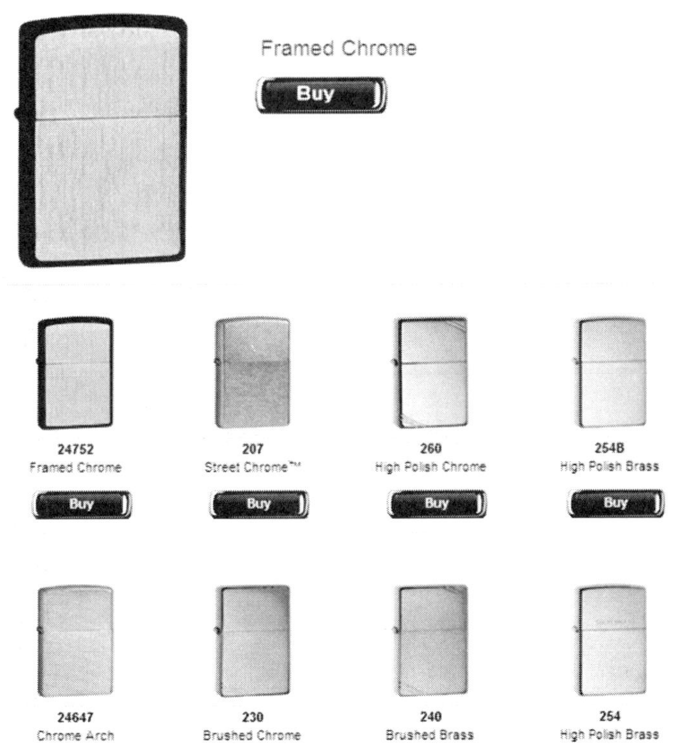

[그림 3] 현재 판매되는 Zippo의 기본 형태와 색상

3. 기본형태와 색상이 완성되다.

우리가 현재 보는 Zippo의 형태는 모서리가 각지지 않고 약간 둥글려 있다. 이 형태가 Zippo의 기본형태가 되었다. [그림 3]에서 보듯이 크롬으로 도색된 실버색과 금색이 Zippo의 상징색이자 기본색이 되었다. 여기에 약간 표면이 거친 경우와 그렇지 않은 경우 등으로 나누어진다.

4. 기본형태에서 길이가 긴 제품이 출시되다.

Zippo의 웹사이트(www.zippo.com)를 방문하면 기본 형태에서 길이가 길어진 제품이 하나의 계열로 판매되고 있는 것을 볼 수 있다. 즉, 기본 크기에서 길이만 확장한 제품군을 생산하여 판매하고 있다. 이런 길이의 Zippo는 1932년의 모습과 유사한 것이다.

[그림 4] 길이가 확장된 Zippo

[그림 4]를 보면, 길이만 늘어난 것이 아니라, 표면에 무늬가 장식적으로 들어간 것도 발견할 수 있다. 문양이라는 요소가 dressing된 상태의 것이다. [그림 4]에서는 실버와 금색 이외에 약간 버건디의 색이나 검정이나 어두운 푸른색(dark blue) 등으로, 표면의 색을 변화시킨 제품들도 발견할 수 있다. 이렇게 색상 다양화를 통해 고객들의 다양한 욕구를 만족시키고 있다.

5. 기본형태에서 곡선이 차용되어 신제품을 만들다.

Zippo는 기본형태에서 직선만을 사용하고 있다. 하지만, 최근에 판매되고 있는 제품을 보면 [그림 5]와 같이 곡선을 Zippo의 외장형태로 변형한 제품을 많이 발견할 수 있다. 이런 신제품개발은 단순한 shape(형태)의 변화만으로도 하나의 제품계열을 만들 수 있다는 것을 증명해 주고 있는 것이다.

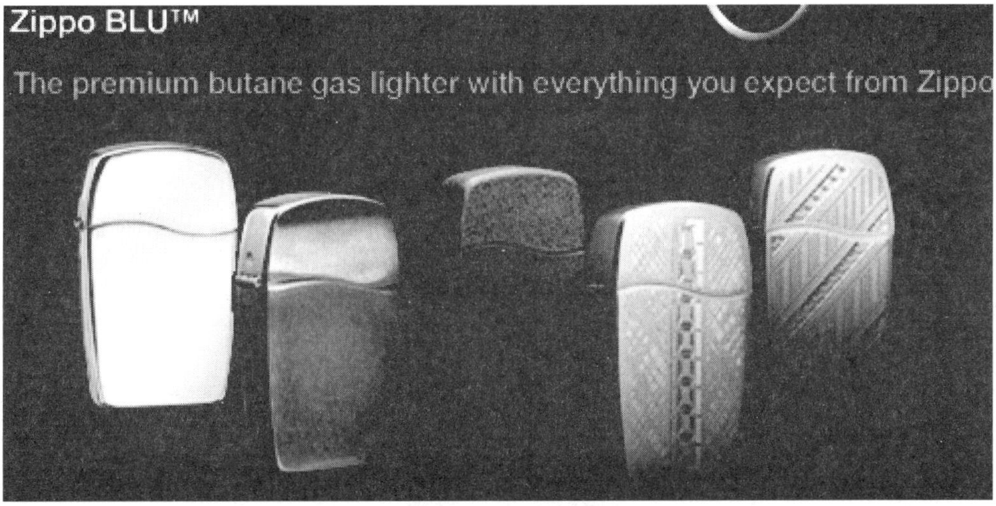

[그림 5] 기본형태에서 곡선이 차용되어 신제품이 된 사례

6. 촛불라이터의 등장

Zippo의 기본 길이를 포함한 형태와 디자인이 가장 크게 변형되어 신제품으로 개발된 것이 촛불라이터이다.

[그림 6] Zippo의 촛불라이터의 키 큰 모습과 손잡이의 색상

7. 단순한 Zippo의 콘텐츠 알레아토릭

Zippo의 기본형태와 색상만으로는 판매의 한계가 있었는지, 여러 소재와 zippo가 결합하여 새로운 신제품을 창출해 나간다. 그 중에 가장 단순한 알레아토릭이 동물의 모습을 표면에 삽입한 Zippo이다. 이런 형태는 제품의 흥미를 자극하지만, 지나친 장식은 zippo의 정체성을 떨어뜨릴 가능성도 배제할 수 없게 만든다.

[그림 7] 동물문양과 알레아토릭으로 새롭게 포장된 Zippo

8. 상징을 부여하기 시작; 미국이라는 정체성과 알레아토릭을 실시하다.

[그림 8]에서 보듯이 미국국가를 상징하는 독수리나, 미국 공군의 로고를 삽입한 Zippo가 판매되고 있다. 아래 제품들은 Zippo의 원산국효과인 미국이라는 정체성효과를 살리려는 노력으로 만들어 진 것이다.

[그림 8] 미국 국가 정체성과 결합한 Zippo

9. 사용상황에서 함께 소비되는 소재와 알레아토릭하다.

라이터는 본래 담배를 위해 준비되는 제품이다. 이런 담배와 함께 소비되거나 사용되는 제품과 알레아토릭으로 결합한 제품을 출시함으로써, 특정 사용상황(술 마실 때나 카드놀이 할 때)에서 라이터가 함께 소비되도록 유도하는 제품이다.

[그림 9] 주류회사 로고를 삽입한 Zippo와 카드문양의 Zippo

[그림 9]에서 보듯이 술과 소비되는 담배에 필요한 라이터로 포지셔닝한 Zippo의 모습을 볼 수 있다. 그리고, 카드놀이를 하면서 담배를 피우는 사람들을 위해 카드문양이 삽입된 라이터도 개발되었다. 이를 통해 색상을 비롯한 디자인이 dressing되었다고 평가할 수 있다. 또한 술 소비상황이나 카드놀이 상황에서 소비되는 담배를 위해 Zippo가 준비되는 것은 라이터와 카드가 알레아토릭을 통한 결합의 사례로 볼 수 있다.

[그림 10] 오토바이상표와 차상표와 결합한 zippo

이렇게 라이프스타일 측면에서 함께 소비되거나 놓여지게 되는 제품이나 상황과 결합한 사례로는 [그림 10]이 있다. 할리 데이비슨의 터프한 이미지와 결합한 Zippo나 자동차 상표인 Chevy와 결합을 통해 자동차 내에서 소비촉진을 무의식적으로 강조한 제품이 출시되어 판매되고 있다.

10. 공동마케팅으로 Zippo가 진화하다(aleatorik)

Zippo사는 라이터의 표면이 T-shirt의 하얀 표면과 같은 기능을 하는 것에 주목하였다. 바로 알림기능이다. 표면에 부착하거나 새겨 넣은 것이 관찰자에게 어떤 메시지를 전달할 수 있는 공간이 된다는 것이다.

그래서 이 표면에 다른 회사의 이미지나 로고를 삽입한 제품을 많이 만들었다. [그림 11]처럼, 플로리다 마린스라는 풋볼팀의 로고를 Zippo표면에 부착함으로써 플로리다 마린스팀의 캐릭터 상품역할에 일조를 하기도 한다. 또한 이러한 공동마케팅의 시도는 그 적용범위를 확대시키고 있다. 롤링 스톤즈와 같은 가수의 정체성이나 뉴욕이미지와 결합한 제품이 꾸준히 제공되고 있다.

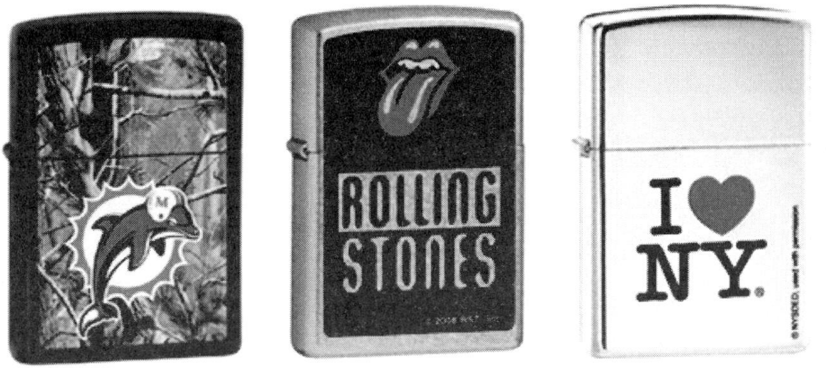

[그림 11] 풋볼팀, 가수, 장소와 결합한 Zippo

11. 정리

위의 사례에서 보듯이 Zippo는 기본 형태와 색상이 고정된 후, 끊임 없이 형태의 변화를 모색하고, 색상을 추가하였다.가장 최근의 변화로 주목받을 만한 것은 알레아토릭이 사용상황, 라이프스타일, 상징, 타회사와의 공동마케팅으로 진화하였다는 점이다. 이 중 형태와 색상의 변화는 Zippo의 초기에 주로 발생했으며, contents의 변화를 알레아토릭으로 시도한 것은 최근의 일이다.

지금까지의 Zippo 변천의 역사내용을 보면, 맨 처음에는 상품(commodity)의 시각적인 형태와 색상의 변화를 통해 고객의 욕구를 찾으려 했다면, 최근에는 의미(meaning)있는 제품으로 Zippo의 위치를 바꾸어 정립하고(Positioning)있다는 것을 목격할 수 있다. 아마도 흡연 인구의 대폭적인 감소가 이런 변화의 원인인 것 같다.

특히, 이렇게 Zippo의 표면을 통한 제품변화가 집중되는 것은 값싼 중국산 휴대용 라이터와 차별적인 contents를 고객에게 제공하여, Zippo의 제품경쟁우위를 확보하려는 시도로 해석된다.

제 9 장

앰비그램(Ambigram; 거꾸로 하기)을 통한 가치창조

▸ 무조건 반대로 생각해 보라.

SCAMPER의 마지막 창의원리(R)는 거꾸로 하기(Reverse or Re-arrange)이다. TRIZ에서도 13번째 발명원리가 역발상(Do It Reverse)이다.

이 장에서는 '거꾸로 하기'를 앰비그램(Ambigram)이라 부르고, 이 용어가 작동하는 몇 가지 분류를 제공한다. 그리고 이 방법에 의해 만들어진 신제품 사례를 소개한다. 마지막으로 앰비그램을 이용하여 신제품 개발의 연습기회를 제공한다. 이를 통해 기존 상품을 거꾸로 보고 생각하기만 해도 신제품 개발의 실마리를 찾을 수 있음을 보여주려 한다.

1 ▸▸ 앰비그램(Ambigram) 정의

앰비그램은 사전적으로는 '글자를 뒤에서부터 거꾸로 읽는 게 아니라, 아예 위와 아래를 뒤집어놓고 읽을 수 있는 단어나 문장을 만드는 것', '글자나 그림을 180도 돌려보아도 위아래가 같은 모습으로 읽혀지는 것'을 말한다. 즉, 위아래가 완전히 바뀌어도 동일한 것으로 인식되는 경우를 말한다. 진중권(2005)은 이를 글자나 그림의 위아래를 뒤집어 놓고 보는, 일종의 물구나무 세우기라고 정의하고 있다.

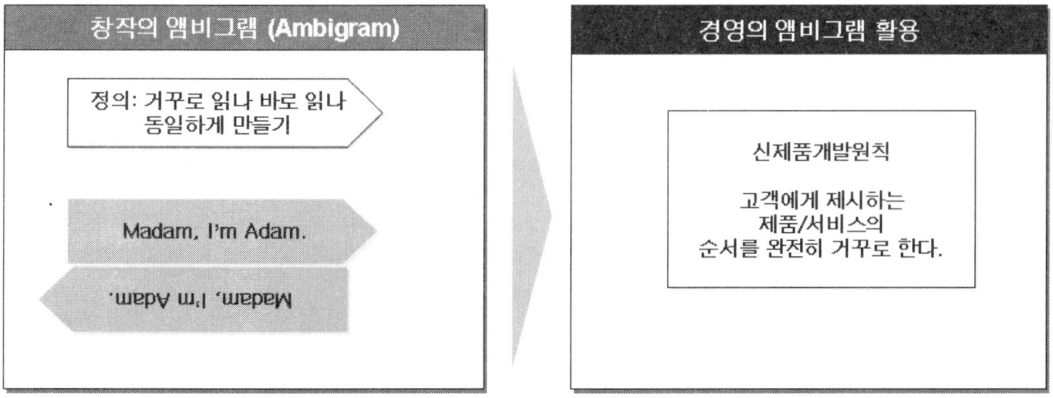

[그림 9-1] 앰비그램의 경영학적 응용

앰비그램을 신상품개발에 응용하면 기존에 있던 것의 상하를 바꾸던지 좌우 또는 순서를 바꾸어 볼 수 있는 여지와 방향성을 제공한다. 부연하면, 제품/서비스의 구성요소나 제품/서비스의 사용순서를 뒤집으면 새로운 제품이 될 수 있다는 것이다. 따라서 고객에게 제시되는 제품/서비스의 순서나 구성요소를 정확히 반대로 바꾸어서 새로운 의미를 고객에게 줄 수 있게 된다.

2 ▸▸ 앰비그램의 응용

아래는 기존의 제품/서비스를 거꾸로 뒤집어 놓은 신제품/서비스가 등장한 몇 가지 사례이다. 이들 사례와 같이 제품/서비스의 구성요소 중의 일부나 전체를 완전히 뒤바꾸어서 새로운 신제품을 만들어 내는 경우가 많다. 한 제품 안에서 많은 앰비그램이 적용된 경우도 있다.

핵폭탄 중 대부분은 핵분열을 이용한 폭탄이지만, 수소폭탄은 핵융합을 이용한다.

- ► 자동차 후륜구동에서 전륜구동으로의 변화
- ► 엔진의 위치가 휘발류 자동차는 앞면에 있는데, 전기자동차는 후미에 설치한 사례
- ► 연료주입구가 왼쪽에 있는 차, 오른쪽에 있는 차
- ► 운전석이 왼쪽에 있는 차, 오른쪽에 있는 차
- ► 본넷을 여는 방향이 앞쪽으로 열리는 차, 뒤쪽으로 열리는 차
- ► 열쇠가 있는 자동차, 열쇠가 없는 자동차

- 아래쪽으로 열리는 폴더폰(모토롤라의 초기모델), 위쪽으로 열리는 폴더폰
- 위쪽에 뚜껑이 있는 케첩, 아래쪽에 뚜껑이 있는 케첩
- 컵에 커피를 먼저 넣고 물 넣는 커피 서비스, 물에 커피를 넣는 커피 서비스
- 앞바퀴 2개, 뒷바퀴 1개 비행기(20세기 초반의 비행기), 앞바퀴 1개, 뒷바퀴 2개 비행기(콩코드기)
- 냉동실이 위쪽, 냉장실의 아래쪽인 냉장고(초기 냉장고의 기본 형태), 냉동실이 아래쪽, 냉장실이 위쪽인 냉장고(요즈음의 일부 냉장고 모델)
- 아기가 앞을 보고 앉는 유모차, 부모와 마주보고 앉는 유모차
- 비가 올 때 사용하는 우산, 비가 안 올 때 사용하는 양산
- 아기용 기저귀, 노인용 기저귀
- 1820년대 오스트리아 빈에 '노이너'의 커피하우스가 오픈하면서 여성용 룸을 별도로 만들었다. 그 전까지 커피하우스는 남성용만 있었다(야콥 2002).

제품구색에 있어서도 앰비그램을 적용한 경우가 있다. 남들이 넓은 제품계열을 시장에 제시하면, 나는 좁은 제품계열을 제시하고, 남들이 좁은 제품계열을 시장에 제시하면, 나는 넓은 제품계열로 사업을 한다.

- 경쟁사가 푸드코트처럼 많은 제품군을 펼쳐 놓고 사업을 하면, 우리는 몇 개 안 되는 제품군에 많은 종류의 변종을 판매하는 전략을 쓸 수 있다.
- 현대 자동차는 소형부터 대형자동차를 생산하지만, 페라리는 스포츠카만을 생산한다.
- 다른 커피점들이 대중화된 커피를 선보이자, 일부 커피하우스는 케냐, 콜롬비아, 에티오피아 등의 single origin 커피들로 메뉴를 구성하여 판매한다.
- 선불제 후불제 구분: 1980년대 일부 다방에서는 차를 마신 후 나가면서 결제를 했다. 요즘 대부분의 커피전문점은 주문과 동시에 결제를 한다. 후불제의 경우, 커피를 고객이 앉은 자리까지 가져다주는 인원이 필요하다. 선불제의 경우, 동일 직원이 주문처리와 음료 제조의 역할 동시에 할 수 있으므로, 모두 카운터 안쪽에서 일을 하게 된다.
- 일반적으로 영화관에 입장 전에 결제를 하고 영화를 본다. 하지만 일부 영화관에서는 영화를 미리 보게 한 후, 만족하지 않은 손님은 돈을 내지 않아도 되는 기회를 준 적이 있다. 이는 영화관람료 지불시점과 영화관람의 순서를 바꾸어서 이목을 집

중시킨 사례이다.

- 통상적인 식당에서는 메뉴에 있는 음식을 주문한 후, 식당이 정한 양의 음식을 먹고 가격을 지불한다. 반면에 뷔페 형식의 식당은 선불로 가격을 지불한 후, 고객이 필요한 양만큼 식사를 하게 된다.
- 우리나라에서 일반적으로 핸드폰을 개통하면, 사용 후에 요금을 낸다. 중국은 요금을 먼저 내야 그 요금만큼 사용할 수 있다.
- 중국 북경에서는 전기요금도 충전카드에 의해 미리 내고, 지불한 금액만큼만 사용할 수 있다. 한국전력공사처럼 전기사용료 연체자의 집을 찾아 전기공급을 끊는 수고를 중국의 전기회사는 하지 않는다.

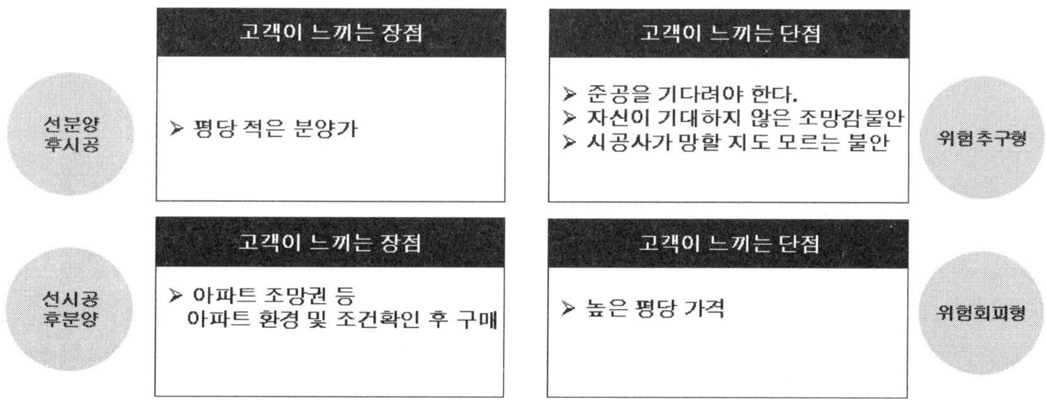

[그림 9-2] 아파트 선분양 후시공 VS. 선시공 후분양의 목표시장 분해

지금까지 독자들은 매우 다양한 제품과 서비스가 앰비그램을 통해 새로운 제품과 서비스로 창조되고 실용화되었음을 발견할 수 있었을 것이다. 이제 독자 스스로 앰비그램을 만들어보자.

3 ▸▸ 독자들의 채워넣기 연습장

아래의 [그림 9-3]을 참고하여, [그림 9-4]부터 [그림 9-12]에서 제시하는 기존 제품의 현재상태에 해당하는 제품을 적어보자. 이후 여기에 앰비그램을 적용시켜 제품의 미래상태를 괄호 안에 적어보자.

기존 제품의 현재상태	미래 제품의 상태
위에 있다 (냉장고의 냉동실)	아래에 있다 (냉동고가 아래쪽에 있는 냉장고)

[그림 9-3] 앰비그램을 이용한 냉장고 신상품개발

기존 제품의 현재상태	미래 제품의 상태
세로 방향 ( )	가로 방향 ( )

기존 제품의 현재상태	미래 제품의 상태
가로 방향 ( )	세로 방향 ( )

[그림 9-4] 앰비그램을 이용한 독자 연습1

기존 제품의 현재상태	미래 제품의 상태
앞에 있다 ( )	뒤에 있다 ( )

기존 제품의 현재상태	미래 제품의 상태
뒤에 있다 ( )	앞에 있다 ( )

[그림 9-5] 앰비그램을 이용한 독자 연습2

기존 제품의 현재상태	미래 제품의 상태
어른용 ( )	어린이용 ( )

기존 제품의 현재상태	미래 제품의 상태
어린이용 ( )	어른용 ( )

[그림 9-6] 앰비그램을 이용한 독자 연습3

기존 제품의 현재상태	미래 제품의 상태
남성용 ( )	여성용 ( )

기존 제품의 현재상태	미래 제품의 상태
여성용 ( )	남성용 ( )

[그림 9-7] 앰비그램을 이용한 독자 연습 4

기존 제품의 현재상태	미래 제품의 상태
어른용 ( )	어린이용 ( )

기존 제품의 현재상태	미래 제품의 상태
어린이용 ( )	어른용 ( )

[그림 9-8] 앰비그램을 이용한 독자 연습 5

기존 제품의 현재상태	미래 제품의 상태
조직이 사용 ( )	개인이 사용 ( )

기존 제품의 현재상태	미래 제품의 상태
개인용 ( )	공용 ( )

[그림 9-9] 앰비그램을 이용한 독자 연습 6

기존 제품의 현재상태	미래 제품의 상태
곡선 사용 ( )	직선 사용 ( )

기존 제품의 현재상태	미래 제품의 상태
직선 사용 ( )	곡선 사용 ( )

[그림 9-10] 앰비그램을 이용한 독자 연습7

기존 제품의 현재상태	미래 제품의 상태
무채색 ( )	유채색 ( )

기존 제품의 현재상태	미래 제품의 상태
유채색 ( )	무채색 ( )

[그림 9-11] 앰비그램을 이용한 독자 연습8

기존 제품의 현재상태	미래 제품의 상태
블루투스가 없다 ( )	블루투스가 있다 ( )

기존 제품의 현재상태	미래 제품의 상태
선이 있다 ( )	선이 없다 ( )

[그림 9-12] 앰비그램을 이용한 독자 연습 9

지금까지 독자는 저자가 제시하는 기준에 따라 앰비그램의 적용을 연습하였다. 이제는 아래 [그림 9-13]의 각 괄호 안에 독자가 창업을 위해 개발하고자 하는 상품의 특징을 적어보고, 그 특징의 반대되는 특징을 적은 후 이에 해당하는 상품을 만들어 보도록 한다.

기존 제품의 현재상태	미래 제품의 상태
(　　　　)	(　　　　)

[그림 9-13] 앰비그램을 이용한 독자 연습 10

4 ▸▸ 참고문헌

- 곽영식(2013), 창업자를 위해 미학에서 배우는 신상품개발, 서울: 피앤씨미디어.
- 알랭 드 보통(2004), 여행의 기술, 서울: 이레.
- 하인리히 야콥(2002), 커피의 역사, 서울: 우물이 있는 집.
- 하인리히 야콥(2005), 빵의 역사, 서울: 우물이 있는 집.
- 댄 브라운(2000), 천사와 악마, 서울: 베텔스만.
- 베니야마(2006), 유럽에 빠지는 즐거운 유혹, 서울: 스타북스.
- 이시훈, 최환진, 홍원의(2008), AD2.0: 인터넷 광고의 새로운 패러다임, 서울: 한경사
- 조지 레이코프(2006), 코끼리는 생각하지 마. 서울: 삼인.
- 진중권(2005), 놀이와 예술 그리고 상상력, 서울: 휴머니스트.
- Arnheim, R.(1974), Art and visual perception, CA: UCLA.
- Langdon, J.(2005), Wordplay, NY: Broadway Books.
- Seckel, A.(2004), Master of deception: Escher, Dali & the artists of optical illusion. NY: Fall River Press.

제10장

모방을 통한 가치창조

► 남이 하는 것을 잘 살피고 좋은 것은 적극 모방하라.

TRIZ의 26번째 발명원리는 복제(Copying)이다. 세상에 없던, 신선한 아이디어가 하늘에서 갑자기 창업자의 머릿속으로 들어오는 경우는 거의 없다. 다른 산업이나 동종산업 내의 경쟁자, 또는 옛 것, 다른 지역의 것을 복제 또는 모방하는 것도 창업신제품 개발을 위한 좋은 방법이 될 수 있다.

이 장에서는 반복(Repetition)과 모방(Imitation), 복제(Copying) 등으로 불리는 '복사하기'에 대한 다양한 사례들을 제시한다. 이 사례들을 아래와 같이 네 가지 경우로 나누어 분류한 후, 각 경우마다 독자들이 연습할 수 있는 기회를 제공한다.

- ► 다른 산업에서 사용되는 것을 모방한 경우
- ► 동종 산업의 경쟁사가 사용하는 것을 모방한 경우
- ► 다른 지역의 것을 우리 것으로 모방한 경우
- ► 과거의 것을 현대에 모방한 경우

1 ▶▶ 반복(Repetition), 모방(Imitation), 복제(Copying)

사람은 태어나서 성인이 되고 죽을 때까지 지속적으로 '학습' 한다. 이 학습 과정에서 많은 비중을 차지하는 것이 모방이다. 모방은 관찰자가 피관찰자의 행위나 피사체의 형태(Shape), 색상(Color), 콘텐츠(Contents)를 복제한 후, 이를 자신의 것으로 만드는 것을 반복하

는 행위이다.

따라서 인류가 만들어 낸 많은 문명의 결과물들은 반복, 모방, 복제된 것이라 할 수 있다. 많은 사람들 사이에 모방이 반복되고 집단화되어 나타나면, 이를 양식이라고 부른다. 하나의 양식이 만들어지고 그것이 많은 사람들에게 문화적으로 받아들여지게 되면, 사람들은 그 문화를 따라 반복적으로 사용하게 된다.

- ▶ 유럽에 가면 그리스 로마시대의 기둥인 이오니아식, 도리아식. 코린트식 기둥이 다른 유럽지역의 현대적 건물에 적용되어 사용되고 있음을 볼 수 있다.
- ▶ 로마 판테옹의 건물을 본받은 팡테옹이 파리에도 있다.
- ▶ 로마 포룸에 있는 개선문의 안쪽 문양은 파리에 있는 개선문의 안쪽 문양과 동일하다. 프랑스인들은 무려 1800년 후에 로마의 문양을 모방했다.

[그림 10-1] 로마 개선문의 문양(좌)과 파리 개선문의 문양(우)
(출처: http://www.crystalinks.com, http://en.wikipedia.org)

모방의 장점으로는 여러 가지를 들 수 있다. 첫째, 기존에 고객들에게 익숙한 것을 모방했기 때문에 새롭게 반복된 것에 대해 생경한 느낌이 적을 것이며, 더 나아가 거부감이 상대적으로 적을 수 있다. 둘째, 기존의 것에 익숙하게 학습된 것을 반복하기 때문에 고객들에게 새로운 사용법 등의 정보를 제공할 필요성이 상대적으로 적다. 셋째, 기존의 것이 갖고 있는 특장점이 모방을 통해 새로운 것에 이전(transfer)되기 때문에 새로운 것은 기존 것의 자산을 이어받을 수 있다.

아래 그림은 모나리자의 그림을 이용하여 만화캐릭터를 창출한 사례이다. 또 다른 사례는 기존 예술가들이 이용한 포즈를 후대 화가들이 본받은 사례이다.

[그림 10-3] 모나리자를 바탕으로 만화캐릭터 마지를 만든 사례

[그림 10-4] 보티첼리는 그리스 작품의 포즈를 모방하여 비너스를 그렸다.

따라서 모방은 새로운 창작자들이 자신의 것을 개발하고 발전시킬 때 사용할 수 있는 좋은 기초소재가 된다.

2 ▸▸ 다른 산업에서 사용하던 것을 모방한 사례

특정 산업에서 아주 성공적으로 정착한 서비스나 특징을 다른 산업에서 채택하여 성공한 사례들이 많다.

항공산업에서 아메리칸 에어라인이 세계최초로 마일리지 서비스를 도입하였다. 이 서비스는 고객이 해당 항공사를 이용한 실적을 모아두었다가 미래에 자사의 상품구매나 서비스에 사용할 수 있도록 하는 서비스이다. 이 마일리지 서비스는 우리나라에서도 은행, 게임회사, 온라인 쇼핑몰, 자동차회사, 주유소 등 다양한 산업에서 사용하고 있다. 이렇게 다른 산업에서 사용하던 것을 모방한 사례는 아래와 같다.

- 맨 처음 철도회사에서 승객들에게 식사를 제공하는 서비스를 실시하였다. 승객에게 식사를 제공한 최초의 항공사는 싱가폴 에어라인이다.
- 한국도로공사는 1980년대 이전에는 고속도로 통행료를 선불제로만 받았다. 그 이후에는 후불제로 고속도로 통행료를 징수하게 된다. 이를 통해 고속도로 입구의 교통체증을 줄일 수 있었다. 증권업계에서 판매하는 펀드는 후불제만 있었다. 최근에는

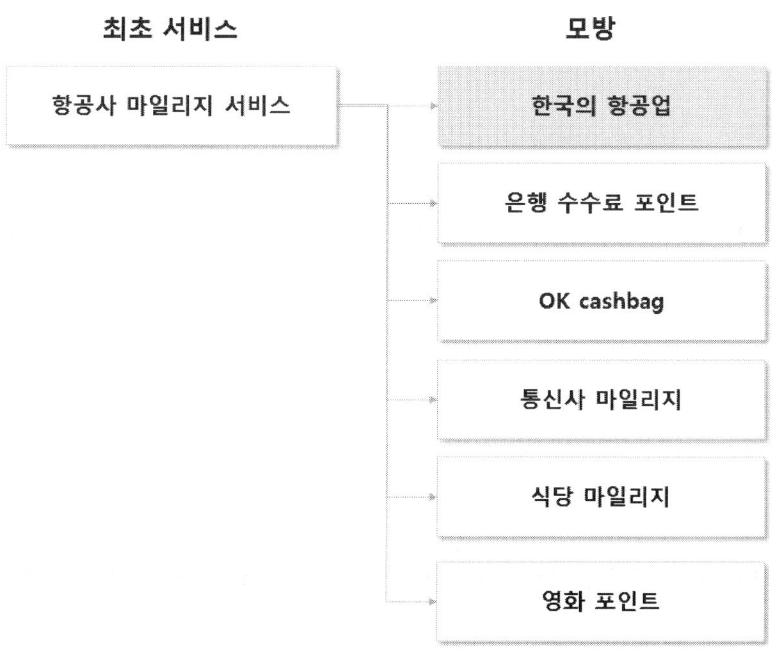

[그림 10-5] 항공산업의 마일리지 서비스가 다른 산업에 적용된 사례

선취로 수수료를 제거하고 나머지 금액만을 펀드에 투자하는 상품이 널리 소개되어 있다. 한국통신업계도 맨 처음에는 후불제만 있었다. 하지만 알요금제를 필두로 선불제를 만들었다. 세 산업은 선불제 후불제 요금이 모두 있다.

- 패스트푸드점에서 시작한 셀프서비스를 자연스럽게 커피전문점에서 채용하였다.

이제 [그림 10-6]의 빈 칸에 다른 산업에서 사용하던 기존 상품/서비스를 하나 선택하여 적은 후, 이 상품이 다른 산업에 적용된 사례를 적어보자. 그리고 그것이 기존 것과 어떻게 다른 지를 기술해 보자.

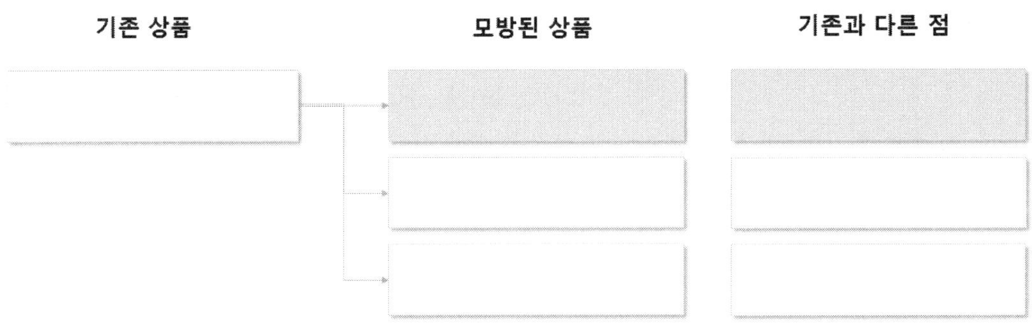

[그림 10-6] 특정 산업에서 사용하던 것을 새로운 산업에서 채용한 사례를 찾기

이제 [그림 10-7]에 독자가 창업한다면 모방할 만한 상품이나 서비스를 적어보자.

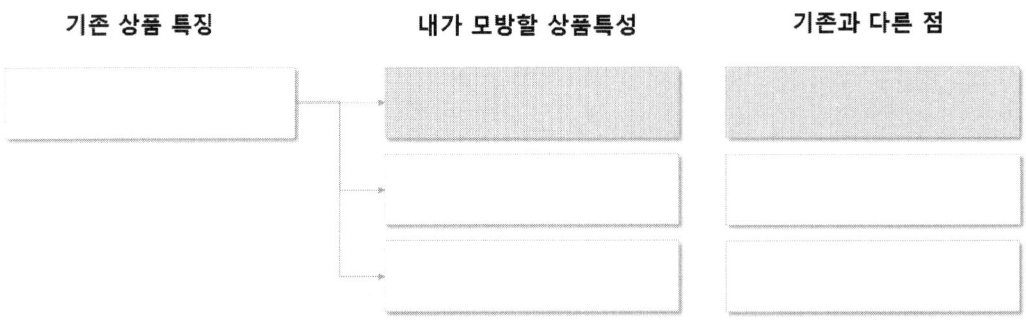

[그림 10-7] 기존 산업에서 사용하던 것에서 나의 창업에 채용할만한 것을 찾기

3 ▶▶ 동종 산업의 경쟁사가 사용하는 것을 모방한 사례

동종 산업에서 경쟁사가 채용한 것을 다른 경쟁사가 모방한 사례 또한 매우 다양하다.

- 승객에게 식사를 제공한 최초의 항공사는 싱가폴 에어라인이다. 이후 많은 항공사들이 장거리 노선에서 식사를 제공한다.
- 대우증권은 업계최초로 선물 옵션거래의 후불제 수수료 정책을 시작했다. 이후 다른 증권사도 당연히 후불제 수수료 제도를 채택하였다.
- 온라인 증권사가 생기기 시작한 1990년대말, 대형증권사도 HTS(Home trading system)을 적극 도입하였다.
- 한국의 한 자동차회사가 카드할부로 차를 판매하기 시작하자 다른 자동차회사도 모두 이 제도를 채용하였다.
- MBC에서 '나는 가수다'를 방송하자 KBS는 '불후의 명곡'을 내세웠다. 오디션 프로그램이 M-net에서 인기를 끌자 다른 지상파 방송국에서도 오디션프로그램을 만들었다.
- '무한도전'이라는 프로그램의 인기가 높아지자, 복수의 등장인물들이 매주 다른 도전과제를 성취하는 프로그램이 양산되었다.
- 요리, 음식 관련 프로그램의 인기가 높아지자, 이제는 거의 모든 방송사에서 음식관련 프로그램을 방송한다.

이제 [그림 10-8]의 빈 칸에 독자의 창업과 관련한 산업에서 사용하던 기존 상품을 하나 선택하여 적은 후, 이 상품을 모방한 다른 경쟁사가 있는 사례를 적어보자. 그리고 그것이 기존 것과 어떻게 다른 지를 기술해 보자.

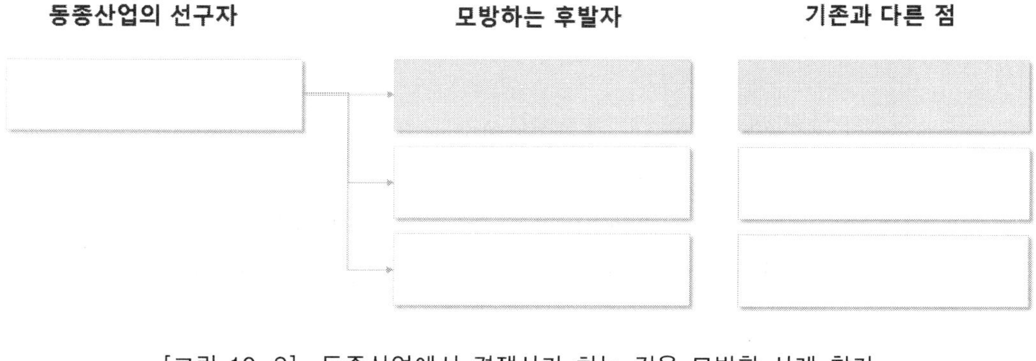

[그림 10-8] 동종산업에서 경쟁사가 하는 것을 모방한 사례 찾기

[그림 10-9]의 빈 칸에는 독자의 창업과 관련한 산업에서 사용하던 기존 상품을 하나 선택하여 적은 후, 이 상품을 독자의 창업을 위해 모방하면 좋을만한 것을 찾아 적어보자. 그리고 그것이 기존 것과 어떻게 다른 지를 기술해 보자.

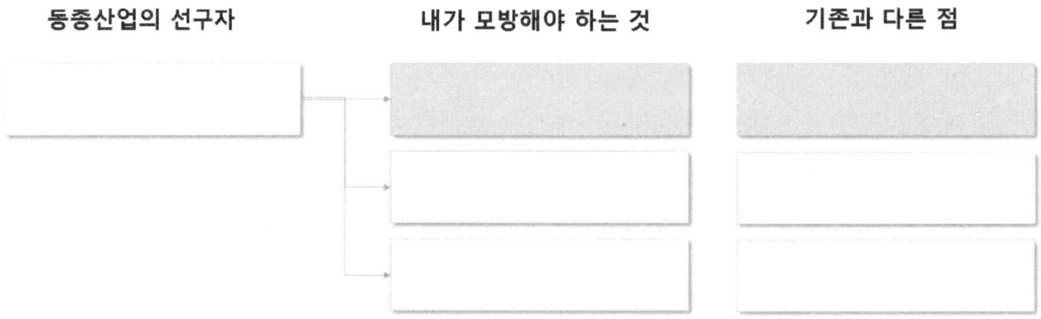

[그림 10-9] 동종산업에서 경쟁사가 하는 것 중 독자가 모방할 만한 것 찾기

4 ▸▸ 특정 지역에서 사용하던 것을 타 지역에 도입한 사례

특정 지역이나 공간에서 사용하는 것을 타 지역에 도입한 성공사례도 다양하게 존재한다.

스코틀랜드의 가문별 문장표시인 패턴이 버버리(Burberry)라는 상표의 문양으로 모방되어 적용되어졌다. 이렇게 특정한 문양이나 패턴이 일정하게 반복되면서 어떤 아름다움을 주는 것을 스코틀랜드 사람들만 알고 있었을까? 대답은 아니오이다. 아랍인, 로마인, 프랑스인, 한국인들도 알고 있었을 것임이 자명하다. 우리나라 조선시대 문풍지와 문짝을 보면 반복적인 문살 문양이 있다는 것을 알고 있을 것이다. 이런 반복미는 시대와 공간을 초월하게 된다. 다양한 브랜드의 반복패턴의 무늬는 고객들에게 부담감 없이 아름다움으로 다가오게 된다.

타탄(tartan)은 흔히 스코틀랜드의 전통의상에서 볼 수 있는 체크무늬 천을 일컫는 말이다. 타탄은 스코틀랜드 씨족을 구분하는 문양으로 이용되었는데 가문에 따라 다른 문양을 가지고 있다고 한다. 그래서 스코틀랜드인들은 자기 가문의 문양으로 전통 복장인 킬트를 만들어 입는다. 타탄연구소에는 각 가문별 패턴문양이 등록되어 있을 정도이다.

[그림 10-10] Kinloch Anderson이 개발한 스코틀랜드 패턴

이런 스코틀랜드의 타탄을 기초로하는 상품을 판매하는 '킨록 앤더슨'이라는 회사는 대단한 명성을 갖고 있다. 하지만 많은 사람들이 알고 있는 패턴무늬는 버버리(Burberry)가 유명하다.

[그림 10-11] 버버리의 패턴문양

오뚜기식품은 기업의 초창기부터 매우 다양한 식품카테고리 제품를 외국으로부터 도입하여 성공시킨 경험을 갖고 있다. 캐첩과 마요네즈를 필두로 카레에서 큰 성공을 이루었다. 이런 식품류들은 우리나라 식탁에 없던 것들로, 대중화에 완전히 성공한 대표적인 사례이다.

1945-1959년	1960년대	1970년대
껌	라면	TV
커피		

[그림 10-12] 1945년부터 1979년까지 도입된 새로운 상품들을 찾아 적어보자

1980년	1990년대	2000년대
오락실	CD player	인터넷게임
비디오테이프	핸드폰	모바일 쇼핑

[그림 10-13] 1980년대부터 2000년대까지 도입된 새로운 상품들을 찾아 적어보자

2010년	2020년대	2030년대
모바일게임		
모바일 결제		

[그림 10-14] 2010년대부터 2030년대까지 도입되거나 도입될 새로운 상품을 적어보자

독자들이 구상하고 있는 상품카테고리는 [그림 10－14]의 미래 신상품의 하나가 될 수 있을까? 그럴 것이라는 용기를 얻기 위해 얼마나 세상이 빨리 변해 가는지, 당신의 제품도 희대의 상품이 될 수 있을지를 점검해 보자.

- 김치를 언제부터 집에서 담그지 않고 사먹을 수 있었는지를 검색하여 위의 10년 주기 그림에 삽입해 보자.
- 집에서 김을 한 장 한 장 기름을 칠해 구워먹지 않고, 조미김 상태로 먹었는지 검색해보자.
- 반려동물이라는 말을 언제부터 사용하고, 반려동물을 대상으로 한 산업이 발달하기 시작했는지 그 역사를 알아보자.
- 설이나 구정에 고향에 가지 않고 해외나 국내 관광지로 여행을 떠난다는 기사가 나온 것이 몇 년도였는지를 찾아보자.
- 2014년~2015년 시즌 스키장은 한국에 19개가 있는데 2000년 이전에는 12개였다. 그런데 2011~2012년 시즌을 정점으로 스키인구가 급감하여 연간 10%이상씩 줄고 있다. 사람들은 겨울에 스키장을 가지 않는 대신 어디로 가는 것일까? 아니면 스키장을 찾지 않는 다른 이유가 있는 것일까?
- 연간 신축 아파트 수를 조사해 보고, 가구업계는 비전 있는 산업인지 점검해 보자.
- 연간 와인판매량을 조사해보고, 우리나라 가전업계에서 와인냉장고를 대형화해야 하

는지 논의해 보자.

- 모바일게임의 성장률을 예측해 보고, 창업자가 모바일게임개발에 나서야 하는 지를 토론해 보자.
- 모바일게임이 등장한 상황에서 PC방은 지금 창업해도 되는 사업일까?

위의 다양한 산업상황을 보면,

- 김치나 조미김 시장처럼 예전에 없던 시장은 충분히 새롭게 만들어 낼 수 있다.
- 요즘 잘 나가는 시장에 진입하는 것보다 미래시장에 투자하는 것도 좋아 보인다.

5 ▸▸ 과거의 것을 현대에 모방한 사례

과거의 것을 현대에 모방하여 성공할 수 있는 조건은 무엇인가? 그것은 우리 체내의 DNA가 과거의 아름다움과 효용을 기억하고 있다는 조건이다.

모방은 과거나 '현재'의 무엇인가를 따라 베낀 것이다. 그 중 '현재'에 존재한다고 말하는 순간, 그 현재는 시간 상 과거의 것이므로 모방은 과거의 것을 복제한 것이 된다. 과거의 무엇은 지금 것보다 이전에 존재한 것이다. 우리가 모방한 것은 과거에 있었고, 그 과거에 사람들에게 사랑받은 것이다. 또는 그 시대에 사랑받지 못했지만, 현재 사람들에게 사랑받을 만한 것이다. 여기서 주목할 것은 '과거에 존재했다'는 점이다.

과거에 존재했다는 것은 과거에 어느 누군가가 그 상품으로 고객의 마음을 만족시킬 가능성을 믿고 만들었다는 것이다. 우리는 일어나지 않은 것의 가능성은 믿지 않지만, 일어난 것은 분명히 가능하다고 생각한다. 그렇지 않다면 일어나지 않았을 테니까(아리스토텔레스 시학 9장). 따라서 과거에 존재했다는 것은 그 시대 사람에게 무엇인가를 주었다는 것이므로, 현재 존재할 경우 과거 사람들과 생물학적 DNA가 비슷한 현재 사람에게 무언가를 줄 가능성이 있다고 해석한다.

그러므로, 과거에 없었던 것을 완벽히 새로운 것을 만들어서 시장에 제시하는 것보다, 과거에 있었던 것을 현재 제시했을 경우에 시장에서 채택할 가능성이 높은 것이다.

► 과거에 고객이 채택한 것은 현재의 고객도 채택할 가능성이 높다.

과거의 것을 현대의 사람들이 채택한 것의 대표적인 사례가 바로 패션이다. 학자들은 이를 패션주기라는 개념으로 설명한다. 패션주기는 새로운 스타일이나 패션형태가 시장에 소개된 이후 소수의 소비자들에 의해 채택되기 시작하면서 점차 이를 수용하는 소비자들의 수가 절정에 이른 다음, 이후 그 인기가 하락하여 시장에서 자취를 감추는 일련의 과정이다(안광호·황선진·정찬진, 1999). 패션주기의 형태는 패션주기의 길이(시간의 지속성)와 유행의 정도에 따라 패션, 패드, 클래식, 순환주기(복고패션) 등의 형태를 갖게 된다.

클래식(classic)은 긴 패션주기를 가지며 패션시장에서 사라지지 않고 오랫동안 소비자에게 수용되는 경우를 말한다. 청바지가 대표적이다. 패션역사에 등장한 지 150년이 넘었지만 계층을 넘어 사랑받고 있다. 그 외에도 셔츠블라우스, 카디건 스웨터, 블레이저 등이 여기에 속한다. 쉽게 구식이 되지 않고 전통적이라는 느낌을 소비자나 관찰자에게 준다.

패드(fad)는 수명주기가 짧게 나타나는 경우이다. 채택하는 소비자의 수가 단기간에 급격히 증가하여 유행이 되었다가 바로 쇠퇴하는 경우를 말한다. 패드는 일반적으로 젊은층이나 일부 소비자집단에만 영향을 미치며, 찢어진 청바지, 핫팬츠, 배꼽티 등을 예로 들 수 있다.

패션(fashion)이란 패드(fad)보다는 장기적으로 나타나며, 도입기, 성장기, 성숙기, 쇠퇴기의 사이클이 나타나는 경우를 일반적으로 통칭한다. 따라서 패드보다는 길고, 클래식보다는 짧은 시장판매기간을 갖게 된다. 1950년대 햅번스타일이 그 사례이다. 자일리톨껌도 패션의 성숙기에 들어가 있다.

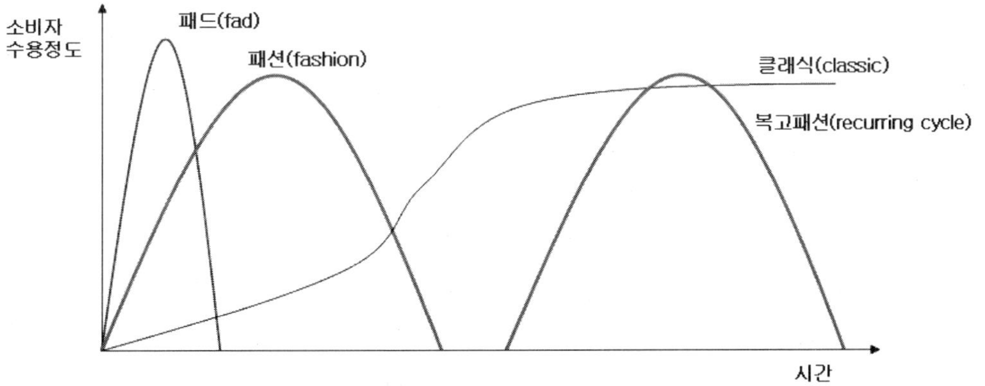

[그림 10-15] 패드, 패션, 클래식, 순환주기(복고)의 차이

여기에서 한 가지 주목할 것은 행동의 모방은 유행현상을 낳는다는 점이다. 오늘날처럼 여성복에서 유행이 차지하는 역할이 커지면 옷에 대한 소비자의 태도는 크게 둘로 나뉘게 된다. 즉, 유행을 따르는가, 아니면 무시하는가이다. 유행을 무시하는 것도 모방적 판단이고, 유행을 따르는 것은 현저한 모방현상으로 해석이 된다. 그러므로 이 모방현상의 정도에 따라 클래식, 패션, 패드가 모두 존재하게 된다.

패드나 패션이 시장에서 사라졌다가 다시 등장하는 경우를 복고 또는 순환주기패션이라 부른다. 1950년대 햅번스타일이 1990년에 다시 등장하거나, 1980년대 유행했던 물빠진 청바지가 2010년경에 다시 등장한 것을 목격할 수 있다.

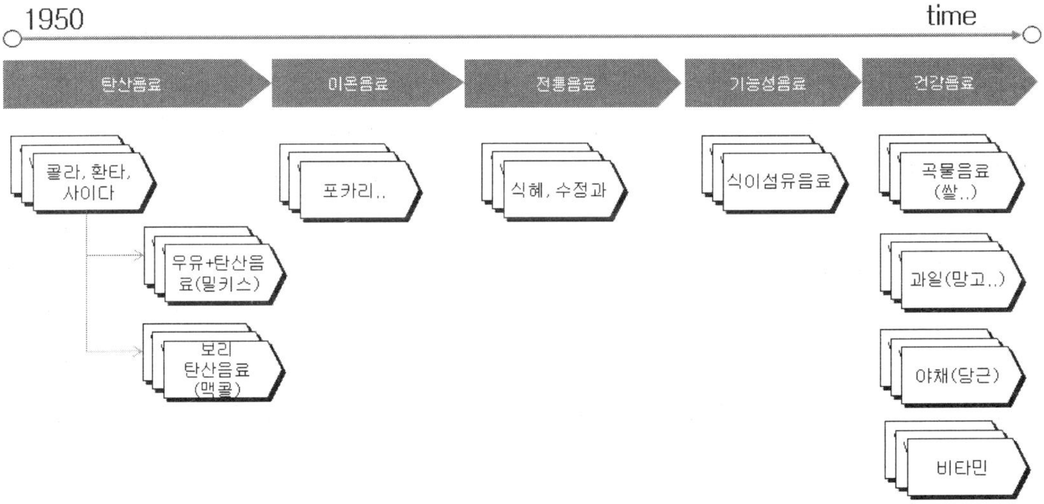

[그림 10-16] 음료시장의 패션

한편, 음료시장은 패드 및 패션이 많이 나타난다. 1950년대 이후 우리나라 음료시장에 진입한 기업이 거의 변화하지 않은 것을 감안한 상태에서, 1950년대 이후의 우리나라 음료시장을 지배한 제품카테고리를 보면 패션과 패드시기에 시장진입자들끼리 서로 제품을 반복모방하며 경쟁한 것을 알 수 있다.

패드나 패션 및 클래식의 도입기에 제품을 출시하면 상당한 매출과 이익을 누릴 수 있다. 하지만 신제품을 출시하여 제품을 성공할 확률은 매우 낮다. 패션이 복고풍으로 등장하여 새로운 소재, 색, 그리고 같은 디자인 요소로 복고되어 각광받는 경우는 흔히 목격할 수 있다. 새로운 제품을 dressing, stripping, aleatorik, ambigram 통해 만들어 내기 어려운 경우에 마케터는 적극적으로 '반복'에 의한 복고를 고려할 필요가 있다. 기존 제품을 일정한 시간간격을 두고 시장에 출시하는 것도 좋은 신제품전략이 된다.

[그림 10-17] 복고형태로 성공한 히트상품

- 독일 자동차 Beetle의 New Beetle로의 탄생
- 미국 크라이슬러의 Cruiser는 1930년대 자동차를 연상시킴
- 1960년대 말 비틀즈의 머리모양이 최근에 유행
- 막걸리의 화려한 부활
- 마르코스 이멜다 여사가 자랑하던 어깨가 뾰족한 자켓선이 최근 패션으로 각광
- 벚꽃엔딩, 수요일에는 빨간 장미를, 10월의 마지막 날 등의 노래들은 특정시기에 반복적으로 기억나도록 설계되어 있다.

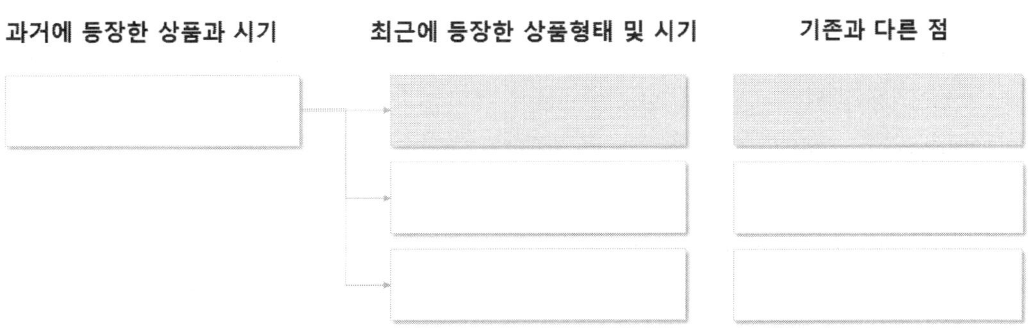

[그림 10-18] 과거에 등장한 상품이 최근에 다시 등장한 사례를 적어보자

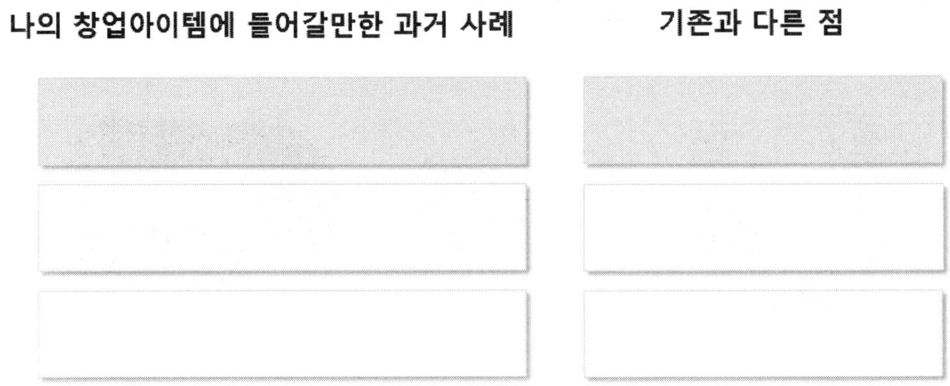

[그림 10-19] 과거의 제품/서비스 중 나의 창업아이템에 들어갈 만한 상품을 찾아보자

6 ▸▸ 단순한 모방

6.1 단순히 따라하기

경쟁사의 상품을 그대로 따라하는 전략을 follower 전략이라 한다. 세상에 없던 새로운 제품이 새로운 제품 카테고리(product category)를 만들 정도로 성공하는 것이 시장에서 목격되면 경쟁자들도 그 제품 카테고리 시장에 뛰어 들게 된다. 경쟁사는 성공한 제품에 약간의 변화를 준 제품으로 시장을 공략하게 된다. 변화를 주었지만 제품카테고리 안에서의 적은 변화만 있다는 것을 알 수 있다(change, but no change). 즉, 동일한 가치를 고객들에게 제공하는 반복이 일어난 것이다. 이러다 보면 제품이 비슷비슷해진다. 시장 전체로 보면 경쟁사들이 제품을 모방하며 떼지어 다니는듯한 모습으로 보인다.

- 박카스가 성공하자 원비－디 등 유사하지만 차별적이라고 외치는 경쟁사의 시장진입이 시작되었다. 아무리 이들이 서로 다르다고 광고해도 이들은 고객의 피로회복을 위한 유사 기능성음료인 것이다.
- 맥도날드가 햄버거로 성공하자, 버거킹은 햄버거 대신 '와퍼'라는 햄버거를 시장에 내 놓았다. 와퍼도 햄버거이다.
- 일반 패스트푸드점에서는 얼음 갈아 넣은 용기에 색소 및 아이스크림 등을 넣은 제품을 '슬러쉬'라는 이름으로 판다. 하지만 던킨도너츠는 쿨라타, 배스킨라빈스는 '블라스트'라는 이름으로 판매하는 제품이 있다. 이들 모두 슬러쉬이다.

- 웅진식품이 만들어 내는 음료들은 거의 시장에 처음 소개되는 제품들이다. 다른 경쟁사 들이 웅진식품의 히트상품을 모방하는 경우가 많다.
- 롯데는 중국시장에 자일리톨껌을 소개한 선도자였으나, Wrigley가 거의 동일한 제품을 출시하여 엄청난 유통망의 힘으로 밀어붙이고, 롯데가 진출하지 않은 B급, C급까지 자일리톨을 확대시켜서, 롯데의 시장선도자 지위를 빼앗은 바 있다.
- 니콘카메라에 있는 빨간색은 발터 PPK라는 권총의 발사장치에서 영감을 얻은 것이다.

이렇게 경쟁사가 모방을 통해 반복적으로 시장에 뛰어들면 두 가지 형태로 성과가 나타난다. 첫 번째 형태로는, 가장 먼저 고객에게 선택된 브랜드가 고객의 마음을 사로잡은 나머지 추종자가 모방을 통해 반복적으로 고객에게 다가가더라도 효과가 없는 경우이다. 인도 탄산음료시장을 보면 펩시가 압도적으로 많이 판매되는데, 코카콜라가 먼저 진입한 다른 지역과 달리 펩시가 먼저 인도시장에 들어갔기 때문에 고객입맛에 펩시를 길들여 놓은 경우이다. 두 번째 형태로는, 추종자가 선도자를 뛰어 넘어 시장을 점령하는 사례이다. Lotus라는 계산프로그램을 제치고 이후에 출시된 Microsoft의 Excel이 시장을 점령한 사례가 여기에 속한다.

먼저 고객의 마음에 먼저 들어가서 성공한 사례를 보자. 위의 사례에서 보듯이 특정 제품이 시장에서 좋은 반응을 얻게 되면 경쟁사가 우후죽순으로 생기게 된다. 그 결과 특정시간과 공간에서 경쟁사들끼리 형태나 콘텐츠가 유사한 제품을 만들어 동시에 경쟁하게 된다.

[그림 10-20]은 중국 껌 시장에 진입한 제품의 형태와 내용을 보여준다. 몇 십 년 동안 중국 고객들은 매우 비슷한 형태, 색상, 콘텐츠를 가진 제품들의 경쟁상황에서 제품을 선택하는 환경에 처해 왔음을 보여준다.

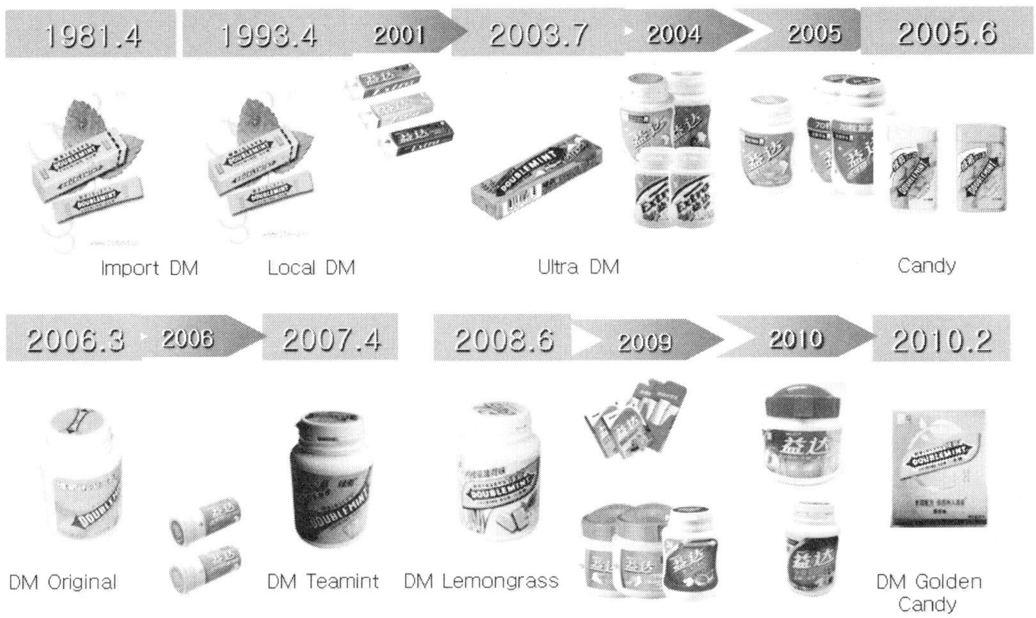

[그림 10-20] 중국 껌시장 연도별 진입형태(double mint와 ida만을 표시)

[그림 10-20]은 중국 껌 시장의 경우로, Double Mint(DM)라는 상표로 널리 알려진 Wrigley와, 중국에서 인지도가 가장 높은 ida라는 브랜드가 시장에 출시한 제품들의 역사를 보여주고 있다. Wrigley는 1981년 스틱껌 형태로 시장에 진입하였고, 2001년에 ida라는 상표의 진입으로 스틱껌의 선택폭이 넓어졌다. 2004년에 bottle껌 출시로 ida의 매출이 높아지자 2006년에 DM라는 브랜드도 용기껌을 시장에 출시하여 시장의 사이즈를 키운다. 2008년까지 DM은 비슷한 용기껌을 반복적으로 출시하고 ida 역시 반복적으로 비슷한 용기에 다른 편익을 주는 제품을 2010년까지 출시하였다.

위의 중국 껌 역사에서 두 가지 주요 경쟁브랜드의 제품출시행태를 보면, 스틱껌 형태를 ida가 모방하고 반복하여 진입하고, 용기형태를 DM이 모방하고 반복하여 진입하였다. 현재 시장점유율을 보면, 스틱형은 DM이 선점하여 출시하였으므로 시장점유율이 높고, Ida는 bottle형태를 먼저 출시했으므로 이 형태의 제품군에서 시장점유율이 높다. 이는 소비자의 마음에 각인된 브랜드나 형태가 해당 분야에서 시장점유율이 높아지는 일반적인 사례라 할 수 있다. 또한 경쟁사들끼리 내용과 형태를 서로 반복 모방하여 유사성이 높아졌음을 보여준다.

위에서 보듯이 이러한 시장상황에서는 반복의 기초가 되는, 최초제품을 만들어 내는데 주력해야 한다. 반복의 기초가 되면 사람들의 마음속에 가장 먼저 자리 잡을 수 있으므로 매출과 이익의 성과창출 면에서 유리하다. 한편, 반복의 추종자가 되면, 소비자의 마음은 이미 처음에 자리 잡은 제품이나 브랜드에 사로잡혀 있기 때문에 성공할 가능성이 적어진다. 이를 제품수명주기로 설명하면 제품수명주기의 첫 단계인 도입기에 들어가라는 의미이다. 이는 이후에 패션주기로 다시 설명하도록 한다.

이제 추종자전략도 승산이 있다는 것을 보여주는 사례를 소개한다. [그림 10-21]은 몇 개의 제품 카테고리에서 추종자가 선도자를 압도한 사례를 보여주고 있다. 이를 보면, 결코 '시장제품의 반복'이라는, 모방에 의한 추종자전략이 시장에서 성공할 수 있음을 보여준다. 따라서 마케터는 기존 시장제품을 반복적으로 모방하여도 시장에서 안정적인 매출을 올릴 수 있는 기회를 분명히 갖고 있다(물론 그렇지 않는 경우가 있다는 것을 명심해야 하며, 성공요인(must-have)이 무엇인지를 파악해야 한다.). 따라서 시장에 있는 기존제품에 대한 반복도 고려해 볼 필요성이 있다.

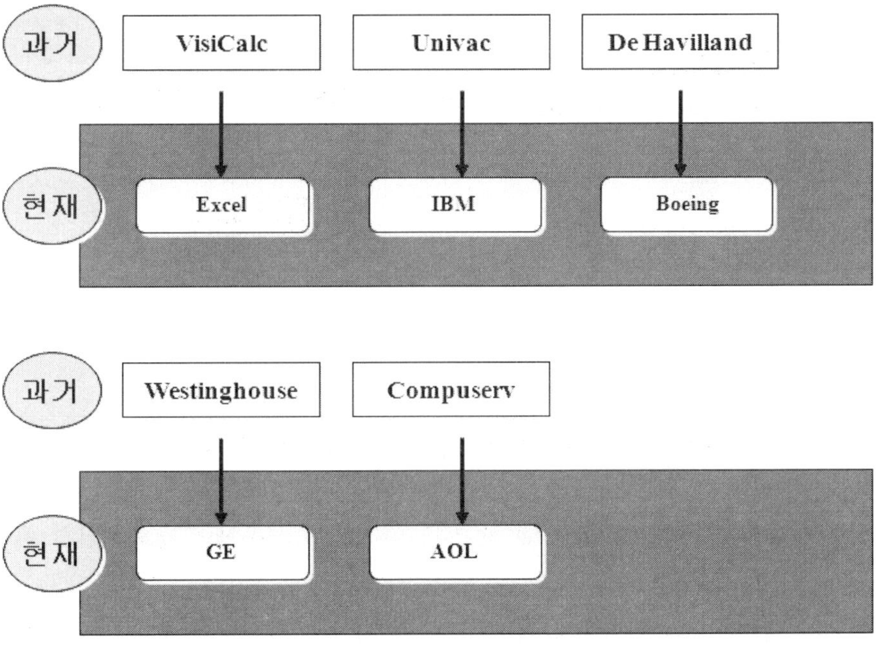

[그림 10-21] 추종자가 선도자를 이긴 사례

6.2 제품계열 길이확대전략

어떤 경우에는 제품카테고리를 선도한 회사가 제품계열의 길이확대전략(product line filling strategy)을 사용하여 기존제품과 비슷한 제품변종을 반복적으로 시장에 쏟아낸 결과 경쟁사의 진입을 원천봉쇄하는 것이 성공의 열쇠가 되는 경우가 있다.

- 코카콜라는 경쟁사의 진입을 막기위해 다른 색상의 콜라인 환타, 색상이 없는 콜라인 스프라이트를 출시했다. 이들 모두 탄산음료라는, 하나의 제품카테고리이다.
- 1980년대 말, '미스미스터'라는 구두브랜드가 중가 구두시장에 진입하자, 경쟁사들이 이 시장에 뛰어들 것이 예상되었다. 이 회사는 '해피워크'라는 브랜드를 추가로 개발하여 시장에 진입시킨 결과, 중가구두시장의 사이즈를 확대시키는 효과와 더불어 경쟁사의 진입을 사전에 차단시키려고 노력하였다.

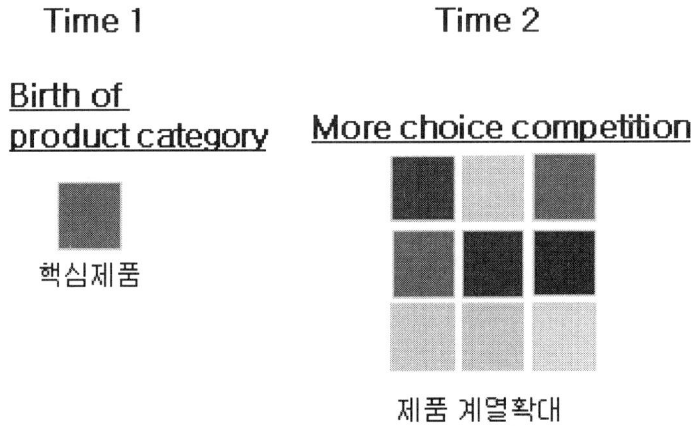

[그림 10-22] 자사가 제품복사를 통해 제품계열을 확대한 경우

이렇게 자사의 제품을 복제하여 시장에 출시하려 할 경우에는 제품계열의 확대시기를 정하는 의사결정이 매우 중요하다. 경쟁자가 진입하기 전에 제품계열을 확대하는 경우가 있고, 경쟁자가 진입한 이후에 제품계열을 확대하는 경우가 있다. 이 둘 중 어떤 것이 시장에서 성공적일지는 제품카테고리의 성격에 달려 있다.

7 ▶▶ 참고문헌

- ► 곽영식(2013), 창업을 위해 미학에서 배우는 신상품개발, 서울: 피앤씨미디어.
- ► 안광호, 황선진, 정찬진(1999), 패션마케팅, 서울: 수학사.
- ► 멜로디, 가사 반복 '후크송' 바람몰이, 중앙일보 2008,10,21
- ► 마이클 티어노(2008), 스토리텔링의 비밀, 서울: 아우라.
- ► 삼성디자인넷 2010－08－19, Horrockses Fashions － Off The Peg Style In The '40s and '50s
- ► 승효상 외(2005), 건축이란 무엇인가? 서울: 열화당.
- ► Francesca Bonazzoli(2014), Mona Lisa to Marge: How the World's Greatest Artworks Entered Popular Culture, NY: Prestel.
- ► www.kinlochanderson.com

제 3 부

제품의 역사를 통한 신제품 개발 아이디어 찾기

제품카테고리별로 전체적인 역사를 살펴보면 그 제품이 어떤 창작기법을 통해 새롭게 변화해 왔는지 알 수 있다. 더 나아가 그 제품의 미래에 대한 예측과 시장기회 탐색이 가능하게 된다.

제11장에서는 형태가 일정하게 갖추어져 있지 않았던 먹과 향수가 형태–색상–콘텐츠를 갖추며 발전해 온 지금까지의 과정을 보여준다. 제12장에서는 100여 년이 넘는 시간 동안 단일 제품카테고리에 해당되어 있다가 최근 들어 컴퓨터 등 다른 제품카테고리와 결합한 전화기의 사례를 소개한다. 제13장에서는 구두의 역사를 소개하며, 단순한 dressing과 stripping만을 이용하여 신제품을 만들 수 있음을 설명한다. 마지막으로, 제14장을 통해 실제 창업기업에서 간기능 개선제를 개발하는 일련의 과정에 대한 소개를 통해 실제 산업 내에서 이루어지는 구체적인 의사결정 과정 및 내용을 배울 수 있도록 구성하였다.

제11장

서양의 향수(香水)와 동양의 먹(墨)이 진화하는 자리*

서양의 향수(香水)와 동양의 먹(墨)을 비교하면 엉뚱하게도 아주 비슷한 점이 많다. 이 엉뚱한 비교과정을 독자들에게 소개하겠다. 독자들은 눈에 보이지 않는 향기인 향수와 글씨의 한 부분일 뿐인 먹물이 어떻게 형태-색상-콘텐츠로 닮아 가는지를 감상해 보자. 그리고, 이것을 보면서, 눈에 보이는 실체가 없는 것들이 어떻게 하면 실체가 있는 것으로 생명을 얻어가는지에 대한 아이디어를 얻어 보자.

1 ▸▸ 태초에 향기와 검은 색만이 있었다

균당 이두희 선생은 먹을 이렇게 표현했다.

'먹은 두 가지 요소가 있다. 하나는 먹이 갈아 져서 액체인 먹물이 되어 글씨를 구성하는 요소이고, 다른 하나는 먹 자체가 고체일 때 감상의 대상으로서 그 존재 자체를 즐기는 요소이다.'

이 문장을 향수에 빗대어 보면 아래와 같이 쓸 수 있을 것이다.

'향수는 두 가지 요소가 있다. 하나는 액체로써 사람의 몸에 뿌려져서 향기를 구성하는 요소이고, 다른 하나는 향수 자체가 용기에 담겨져서 감상의 대상으로서 그 존재 자체를 즐기는 요소이다.'

* 이 장의 많은 부분은 균당 이두희 선생의 자료를 바탕으로 하였음

	향수	먹
Origin	• 향수는 실체와 형태가 없는 '냄새(smell)'이다. • 먹은 고체일 때 실체나 형태가 있으나 • 먹은 액체일 때 글씨의 일부분으로 실체가 없다	
Shape	• 형태를 만들기 위해 상표별 제품별로 독특한(unique) 용기 사용	• 형태를 만들기 위해 먹물이 되기 전에 고체가 됨
Color	• 색상을 차별화하기 위해 상표별 제품별로 독특한(unique) 색상 사용	• 검은색 등의 무채색 먹이 아닌 채색먹 존재
Contents	• 1500여종 식물성향료와 • 3000여종 합성향료의 조합	• 송연먹, 유연먹 등 재료차이에 의해 글씨의 표현느낌이 달라짐
Place	• 프랑스 그라스는 향수의 도시	• 일본 나라는 먹의 도시

[그림 11-1] 향수와 먹의 비교

2 ▸▸ 역사에서 향수 발견하기

송인갑(2004)은 그의 책에서 기원전 14세기 이집트의 제18왕조 파라오(BC 1580~1314년)인 투탄카멘의 무덤 안에서 발견된 향고가 최초의 향수라고 적고 있다. 석고로 만든 아라바스타 항아리에 채워진 향고는 20세기 발견 당시 은은한 향기로 남아있어 전세계인을 놀라게 했다고 전한다. 향고는 손에 묻히면 녹는 끈적끈적한 물질로, 냄새는 느끼한 향에 가깝고 미타리과 식물의 냄새를 연상시킨다고 한다. 또한 오랫동안 보존할 수 있었던 것은 방부성을 가진 유향이나 보류성이 높은 방향성 수지를 사용하여 3000년 동안 보존할 수 있었다고 전해지고 있다. 고대 이집트 왕조들은 마르지 않은 나일강처럼 자신의 영혼을 지키기 위해 향을 애용하였고 시신의 부패방지, 보존을 위해 약품으로 사용하였다. 이밖에 일반인들은 특별한 나무나 나뭇가지를 태운 향을 신에게 공물로 바쳤다.

3 ▸▸ 역사에서 먹을 발견하자

고대인들은 암벽이나 갑골 등 동물의 뼈에 새긴 문자가 그늘에 의해 검은 그림자가 생겨난 것을 보고 글자는 당연히 검은색이라 인식하여 왔다. 먹이 검은 이유는 여기에 있다. 인공적인 착색이 아닌 가장 쉽게 만들어 낼 수 있는 검은색으로 먹이 만들어 졌다.

인간의 주변에 존재하여 사용하기 편하고 쉽게 구할 수 있는 조건을 충족하는 것을 찾아보면 목탄, 색목, 돌먹 등이 있었다. 그러나 목탄이나 석탄으로 문자를 쓰면 오랫동안 보존할 수 없었다. 그 후에 사람들은 이것을 옻칠(식물에서 받은 흑색)로 섞어 액체로 발전시켰다. 이후 그 섞는 과정 중에 아교가 지닌 끈끈함이 발견되었고, 탄소와 아교가 반응을 일으켜 단단한 먹, 즉 고형묵(固形墨)이 탄생되었다.

진대(秦代)의 무덤에서 벼루와 먹의 파편이 출토된 바 있다. 한대(漢代)의 고형묵 원료에 관해 기록되어 있는 문헌과 관련하여, 송대(宋代)의 [묵경(墨經)]에 의하면 "옛날에는 송연(松煙)과 석묵(石墨) 두 종류가 있었다. 석묵은 위진(魏晋) 이후에는 발견하지 못하고 송연의 제조는 계속되었다. 한은 부풍(扶風), 유미(兪糜), 종남산(終南山)의 소나무를 귀하게 여겼다". 이 기록에 의해 부풍, 유미, 종남산의 소나무가 송연의 원료가 되었다는 것을 알 수 있다.

4 ▸▸ 향수가 형태를 갖추다

이집트에서 발견된 향고는 향수라고 하기에는 그 형태가 완벽하지 않다고 전문가들은 지적한다. 일차원적으로 기름에 향을 담은 상태였고, 항아리에 담겨져 있는 형태였다. 지금 우리의 눈으로 보기에는 세련되지 못한 방식으로 향이 담겨져 있었다는 이야기다.

이러한 향고가 지금의 향수가 될 수 있었던 것은 향을 알코올에 담는 기술이 생긴 덕이다. 이 기술로 향고는 향이 있는 액체가 되었다. 액체가 되니 이를 담기 위한 용기가 필요했다. 향수보다 먼저 향수의 이미지를 전달해 주는 향수병 디자인은 조각과 디자인, 시각적 정보가 함께 어우러져야 하는 작업으로 인식되어 왔다(송인갑 2004).

액체 향수가 도자기나 금속으로 만든 용기에 담기면 변색이 되거나 또는 증발하기 때문에, 이를 대체할 용기로 유리가 나타났다. 그 이후 거의 모든 향수브랜드는 유리생산자에게 각 브랜드만의 향수를 담을 독특한 모양의 향수용기를 주문하기 시작했다. 이때부터 향수는 단순히 향기 나는 액체가 아니라, 용기에 담겨진 시각적 실체로서의 존재감을 갖게 되었다. 따라서 향수가 포장을 통한 형태를 부가가치로 결합한 시기는 서양의 역사를 통해 매우 오래 된 것임을 알 수 있다. 로마인도 유리를 생산했고, 베네치아도 13세기에 유리공장이 있었다.

아래 [그림 11-2]는 프랑스 출신의 유명 유리공예가인 르네 랄리크(Rene Jules Lalique, 1860~1945)가 디자인한 다양한 향수병을 보여준다.

[그림 11-2] 르네 랄리크(Rene Jules Lalique)가 디자인한 향수용기들

(출처:Lalique perfume bottle database 웹사이트)

5 ▸▸ 먹이 형태를 갖추다

그을음(탄소)과 아교가 만나 고형묵이 되었다고 언급한 바 있다. 고형묵이란 말 자체가 고정된 형태를 갖추었다는 말이 된다. 진나라 시대에 이미 고체 형태의 먹이 있었다.

먹의 형태는 우리가 흔히 보아왔듯이, 일반적으로 직사각형과 원형 형태가 많으나 고대에는 왕실에 납품하는 경우나 특별한 기념일을 위해 여러 형태의 먹을 만들었다. 현대에도 다양한 형태의 먹이 생산되고 있으며, 특별한 선물이나 사용자의 필요에 의해 개성이 강한 먹이 만들어지기도 한다.

[그림 11-3] 다양한 형태의 먹

6 ▸▸ 향수와 먹이 색을 입다

향수를 차별화시키는 색상은 두 가지 측면에서 찾을 수 있다. 용기가 무채색의 유리인 경우 향수자체의 색이 드러난다. 반대로 용기가 색상을 갖추게 되면 다른 향수 제품이나 상표와 다른 차별성을 갖게 된다. 이는 [그림 11-2]를 통해서도 볼 수 있다.

먹에는 검은 먹과 붉은 먹이 있다. 우리가 알 듯이 대부분의 먹은 검은 먹이다. 즉, 그림 없이 글자만 쓰거나 그림을 양각한 먹을 무채먹이라 한다. 검은 색이다. 반면에 채색먹은 색상이 있다. 대부분의 채색먹은 한 면에 먹 이름을 금박 또는 은박으로 쓰고, 한 면에는 여러 가지 색으로 그려진 그림이 새겨져 있다. 최근에는 다양한 색으로 그림을 그리거나 글씨를 쓸 수 있는 용도의 유색 먹이 판매되고 있다.

[그림 11-4] 검은 먹

[그림 11-5] 채색먹의 사례

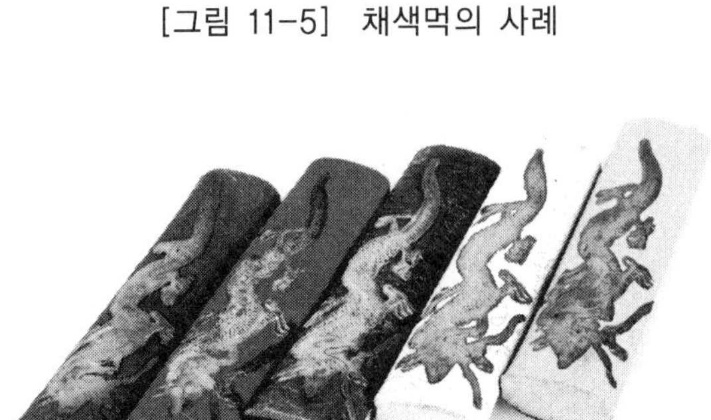

[그림 11-6] 유색 먹 (출처:www.asianbrushpainter.com)

7 ▶▶ 향수가 알레아토릭(Aleatorik)을 통해 다양한 내용(contents)을 입다

> ▸ 탄산음료는 설탕과 산이 어떤 비율로 섞여 있느냐에 따라 제품이 달라진다.
> ▸ 향수는 향과 향의 비율이 얼마로 합해져 있느냐에 따라 제품이 달라진다.

19세기는 천연향료에서 합성향료로 향료의 원료와 형태가 진화한 시기였다. 100여 가지에 불과했던 향과 향료를 오늘날 사용하는 4,000여 가지 이상의 물질로 추출할 수 있게 한 시기가 바로 19세기라고 여겨지고 있다. 산업혁명이 일어난 후 유기화학이 발전하자, 19세기 중엽의 화학자들은 다양한 추출법과 조향기기를 개발하여 향수의 원료보다는 향수의 제조기법의 발전에 관심을 쏟으며 향수산업의 발전을 견인했다. 아울러 화학적 방법과 기술을 활용하여 식물, 동물 등의 미세한 부분까지 추출하는데 성공하여, 천연 식물성 향료뿐만 아니라 동물성, 합성향료에 이르기까지 그 동안 사람들이 맡아보지 못했던 다양한 향수를 만들었다.

한편 최초의 합성향료를 만든 프랑스 화학자, 몰리나드(Molinard)는 귀족계급이라는 특정계급만이 향유했던 향을 대중들에게 퍼뜨리게 한 일등공신이었다. 또한 근대 향수의 아버지로 불리는 겔랑의 유명한 조향사인 '자끄겔랑'의 시대를 기점으로 향수는 대중들에게 급속도로 퍼지게 되었다.

이제 향수는 사향, 헤리향 등의 극소수의 동물성향료와 1500여종에 이르는 식물성향료, 그리고 3000여 종에 달하는 합성향료 등의 적절한 배합을 통해 다양한 향과 스타일로 만들어진다.

8 ▶▶ 먹이 알레아토릭(Aleatorik)을 통해 다양한 내용(contents)을 입다

시대가 변화면서 문화영역이 호화스러움의 극치에 이른 송대(宋代)에 이르러 송영묵(松煙墨)에서 유연묵(油煙墨)으로 제조방법이 변화하게 되었다. 유연묵은 식물성 기름을 써서 등접시에 심지를 꽂아 점화한 후 그을음을 채집한다. 그을음의 품질이 좋고 나쁨은 등심지의 두께에 따라 차이가 나는데, 등심지를 완전 연소시키면 입자가 곱고 먹색이 흐리지만 불완전 연소시키면 입자가 커지고 먹색도 진해진다.

송대(宋代)에 이루어진 유연묵의 개발은 서화(書畫)의 세계를 바꾸어 놓았다. 번짐이 없는 송연묵에서 번짐이 좋은 유연묵이 나오면서 번짐을 이용한 농담효과가 서화에 큰 영향을 주게 되었다. 이 시기에 우수한 먹이 많이 만들어졌으며, 한편 먹을 감상하는 형식이 일어났다. 우수한 먹은 그만한 가치를 지닐 수 있도록, 이름이나 그림을 새겨 넣고, 책으로 만들어 묵보(墨譜)로 발간하는 등 작품으로서의 가치를 갖게 된다.

먹은 고체의 형태에서 액체형태인 먹물(먹즙)로 회귀하기도 한다. 먹물의 사용량이 많아지고 단시간에 대량의 먹물이 필요하게 됨에 따라 고체의 먹으로 갈기에는 시간과 양이 부족하다는 제한적 환경을 극복하기 위해 편리성을 추구하는 먹물제품을 생산하게 된 것이다.

먹물은 본재료의 그을음 대신 나플탈렌이나 안소라센을 태운 그을음과, 아교 대신 합성수지로 반죽한 방부제, 소포제, 안정제를 섞어 만든다. 먹물은 고형묵에 비해 쉽고 간단하게 만들 수 있지만, 먹물 입자의 크기변화가 적어서 글자의 입체감이 상대적으로 떨어진다는 단점이 있다. 그러나 그 실용성 및 편리성의 장점으로 인해 오늘날 많은 서화인들이 먹물을 사용하고 있으며 색깔도 다양하여 작품의 활용도가 높다.

[그림 11-7] 다양한 먹물

9 ▸▸ 창업의 지혜: 서비스가 형태-색상-콘텐츠를 입다

서비스는 원래 향처럼 눈에 보이지 않고, 저장할 수도 없다. 그런 서비스의 판매를 위해 시각화를 하면 차별화를 갖출 수 있게 된다. 아래는 눈에 보이지 않는 서비스에 형태, 색상, 콘텐츠를 입히는 작업을 한 사례이다.

- 자동차연료인 정유는 소비자가 직접 눈으로 보지 않고 구매한다. 정유회사는 빨강, 노랑, 하늘색 등의 브랜드 색상에 시각적 장치를 부여한다.
- 눈에 보이지 않는 서비스를 제공하는 이동통신회사는 눈에 보이는 멤버십 카드를 만들어 이동통신 이외의 산업에서 활용할 수 있는 혜택과 함께 제공한다.
- 현대카드는 혜택별, 연회비별로 부호, tree 등으로 형태를 보여주고, 색상으로 서비스를 차별화하여 보여준다.

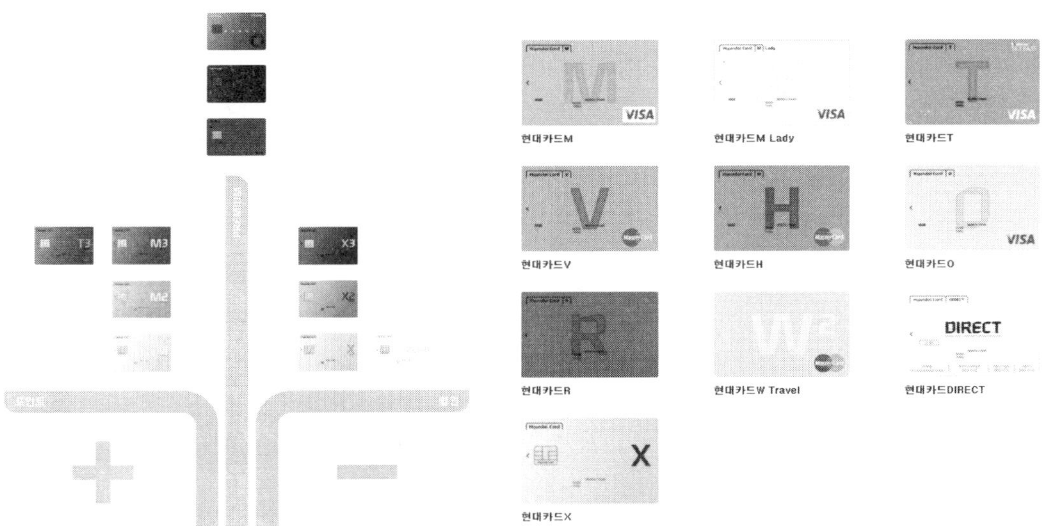

[그림 11-8] 현대 카드의 브랜드 포트폴리오는 혜택별 연회비별로 색상이나 이름이 구분되어 있다. (출처: 현대카드 홈페이지)

위에서 다룬 먹과 향수를 역사를 보면, 서비스업과 같이 실체가 없는 것이 형태-색상-콘텐츠를 갖추어서 신상품이 될 수 있다는 시사점을 준다.

만약 창업자가 창업하려는 것이 서비스라면, 이 서비스에 형태－색상－콘텐츠를 부여하여 고객에게 신선하게 접근할 수 있다.

10 ▸▸ 참고문헌

► 송인갑(2004), 향수, 서울: 한길사.

제12장

소통하고 싶은 인간의 근원적 욕구를 만족시킨 전화기

전화기는 1876년 그레이엄 벨(Alexander Graham Bell, 1847~1922)이 특허를 받은 이후 지금까지 약 130여년의 역사를 갖고 있다. 전화기의 역사를 살펴보면, 고객의 편리성을 위해 생산자들이 끊임없이 제품을 개량시킨 궤적을 보여준다. 130여년 중 120년은 전화기 자체가 dressing과 stripping에 의해 신제품으로 변화한 것이고, 최근 10년의 역사는 알레아토릭(Aleatorik)을 통해 인터넷, PC 등과의 결합(융합)과 관련한 역사이다.

1 ▸▸ 전화기는 인간의 기본적인 욕구를 만족시키는 제품이다

- 진시황(BC 259－210)이 중국대륙을 통일했을 때, 중국전역에 자신의 율령을 정확하게 반포하기 위한 통신수단이 필요했을 것이다. 필요한 수단이 무엇이었을지 상상해 보자.
- 사람, 말, 종이, 배, 도장, 마패, 횃불, 봉화대, 그리고 또 무엇이 있을까? 마지막으로, 이것을 알리기 위해 시간이 얼마나 걸렸을지 생각해 보자.
- 진시황이 죽은 후 110년, 로마의 율리우스 시저(BC 100－44)가 로마에서 황제가 되었다. 이 사실을 로마제국의 전역에 알리는데 사용되었을 통신수단과 필요한 것들을 다시 상상해 보자. 사람, 말, 종이, 배, 도장, 신분증, 고속도로, 그리고 또 무엇이 있을까? 이것을 알리기 위해 얼마의 시간이 걸렸을지 생각해 보자.
- 시저가 살해된 후 1881년이 지난 1837년, 영국에서는 빅토리아 여왕이 18세의 나이에 영국의 최고 지위에 올랐다. 이 사실을 영국 전역과 영국의 식민지 전역에 알리는데 사용한 통신수단과 그 밖의 필요한 것들은 무엇이었을지 나열해 보자. 그리고 이를 알리는데 소요된 시간도 상상해보자.

위의 세 사건에서 사용된 통신수단이나 필요한 것들은 대동소이하다. 즉, 몇 천년동안 통신수단은 동서양이 비슷했다. 말로 전달할 수 없으니 문자로 전달했다. 전달속도의 차이도 진시황이나 빅토리아여왕 때나 비슷했을 것이다. 시대와 관계없이 소식을 '정확히 알리려는' 욕구가 동일했다는 점이 중요하다.

사람은 자신의 뜻이 타인에게 정확하고 신속하게 전달되기를 원하는 욕구가 있다. 상대가 곁에 있을 경우에는 본인이 직접 정확하고 신속하게 말로 전달하면 된다. 하지만, 멀리 떨어져 있는 사람에게 정확하고 신속하게 자신의 뜻을 전하기는 쉽지 않았다. 이러한 욕구는 몇 천년동안 계속되다가, 130여 년 전부터 전화기를 통해 정확하고 신속하게 자신의 뜻을 전달할 수 있게 되었다.

이처럼 전화기는 인간이 소통하려는 욕구를 충족시킨, 멋진 제품인 것이다. 인간의 오래된 욕구를 만족시키는 제품인 전화기는 급속하게 사람들의 마음속에 들어왔고, 보급되었다.

전화기는 발명된 초기에는 사치품이었지만, 지금은 모든 사람들의 필수품이 되었다. 이 장에서는 개인전화기의 역사와 공중전화의 역사를 분리하여 살펴본다. 다만, 이 책에서는 통신 시스템의 기본 네 가지 기술인 단말기술, 전송기술, 교환기술, 통신망 기술 등을 다루지 않는다. 그 이유는 전화기를 사용하는 사람은 전화기라는 제품을 보고, 전화기를 사용하여 소통을 하면 될 뿐, 전화기 안에서 기술적으로 무슨 일이 일어나는 지에 대해서는 거의 관심이 없기 때문이다. 따라서 이 장에서는 철저하게 고객의 시각에서 보여지는 전화기의 역사만을 다룬다.

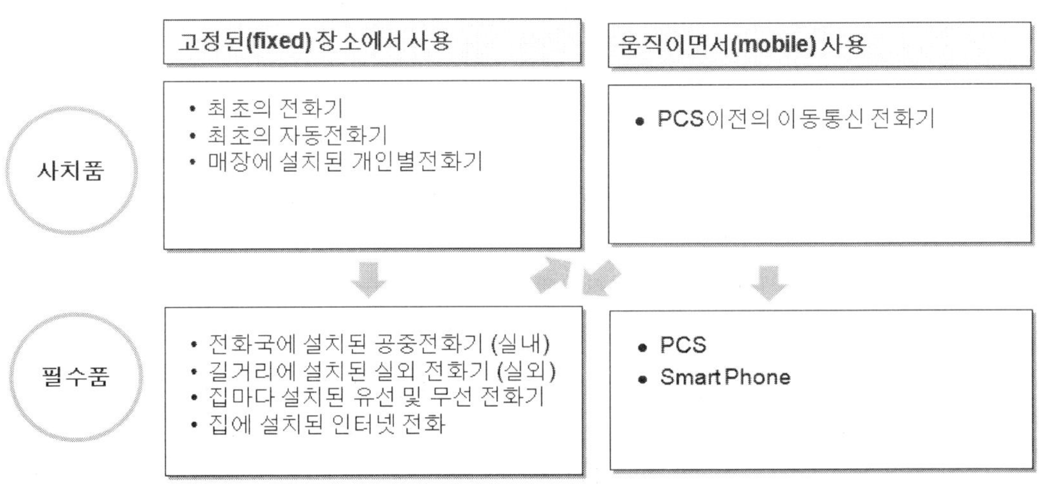

[그림 12-1] 전화기의 발전과정 요약

2 ▸▸ 개인용 전화기의 역사

1876년 미국 보스턴의 그레이엄 벨이 음성전화기 특허를 제출했고, 그보다 겨우 2시간 뒤 알리샤 그레이(Elisha Gray, 1835~1901)가 똑같은 기기를 특허로 출원했다. 이 시기의 전화기는 송화기는 고정되어 있고, 한 손으로는 수화기를 들어 귀에 대고 소리를 듣는 형태였다. 이 전화기는 음성신호를 전기신호로 변화시켜 먼 거리까지 소리를 전송할 수 있게 하였다. 그림에서 보듯이 전화기의 크기는 현재의 그것과 비교했을 때 매우 크다.

[그림 12-2] 벨이 전화 거는 모습

이 전화기를 들면 교환수가 나온다. 교환수에게 통화를 하고 싶은 상대를 말하면, 교환수가 해당하는 사람의 전화기에 연결을 시켜주게 된다. 우리나라 고종황제도 이러한 방식으로 전화통화를 했다(참고로 조선시대 경복궁의 전화교환수는 남자였다).

2.1 교환수를 제거(Stripping)하는 자동전화기의 발명

사람이 손으로 통화를 원하는 상대방을 선택하여 연결하여 주는 수동식 전화기는 1889년 미국의 스트로우저(A. B. Strowger, 1939~1902)가 최초의 자동식 교환기를 발명하면서부터 서서히 사라졌다. 자동전화기의 발명 일화는 재미있다.

'스트로우저는 미국 미주리 주의 평범한 장의사였다. 그는 언젠가부터 자신의 사업이 기울고 있다는 걸 깨달았는데, 정말 기가 막힌 것은 사업 쇠락의 원인이었다. 미주리 주의 사망률 감소 같은 '어쩔 수 없는' 상황때문이 아니라, 바로 자신의 라이벌 장의사가 마을의 '전화 교환수'와 결혼한 것 때문이었다.

가족, 친지의 갑작스런 사망으로 경황이 없는 마을 주민이 전화를 걸어 장의사를 찾으면, 그 전화 교환수는 고객의 선택권을 무시한 채 자연스럽게 그녀의 남편에게 전화를 연결시켜 주었다. 즉, 고객이 구체적으로 스트로우저에게 연결해달라는 요청을 하지 않는 한, 모든 장의사 요청 통화는 그녀의 남편에게 연결해 준 것이다.

이에 화가 난 스트로우저는 급기야 교환수가 필요 없는 자동식 교환기의 필요성을 느끼게 되었다. 결국 그는 세계 최초의 자동식 교환기를 발명하여 1891년 특허를 받았다(출처: http://www.ciscokrblog.com/130).

따라서 교환방식에는 일반적으로 연결방식에 따라 수동식과 자동식이 있으며, 자동식의 등장으로 '교환수'가 stripping되었다. 사람들은 이때부터 자신이 통화하고자 하는 사람에게 직접 전화를 걸 수 있게 되었다.

이 사실에서 이 책을 읽는 독자가 주목해야 할 점은, 기술적 측면이 아니라 교환수가 없어져서 전화를 거는 사람이 대기해야 하는 시간이 짧아졌다는 사실이다.

2.2 송화기와 수신기가 결합하다(Aleatorik).

아래 [그림 5-3]의 전화기는 우리나라에서 1960년대에 사용되던 공전식 전화기와 그 이후에 출시된 다이얼식 전화기이다. 공전식 전화기는 교환원을 통해서만 통화가 가능했던 방식이고, 다이얼식 전화기는 교환원이 필요 없는 전화로 이 전화기의 사용과 더불어 전화는 일상생활 속으로 파고들게 되었다. 이 두가지 전화기의 공통점은 수화기와 송신기가 합쳐져 있다는 것이다. 이런 단순한 결합이 전화통화를 하는 사람들에게 어떤 편리함을 주었을까? 송화기와 수신기가 분리되어 있으면, [그림 5-2]에서 벨이 입을 대고 있는 것처럼 거는 시간 내내 전화기에 고정되어 있는 송화기에 입을 가까이 대고 있어야 한다.

[그림 5-3]의 전화기는 탁상용 전화기의 표준형태를 갖추고 있다. 특히 1980년대 초 국가에서 보급하던 전화기의 구입절차가 개인이 구입하는 자급제로 변화되면서, 다이얼식 전화기가 한국에서 대중화되기 시작하였는데, 이 전화기는 탁상용형태, 원반형태의 다이얼, 검은색이라는 특징을 갖고 있다.

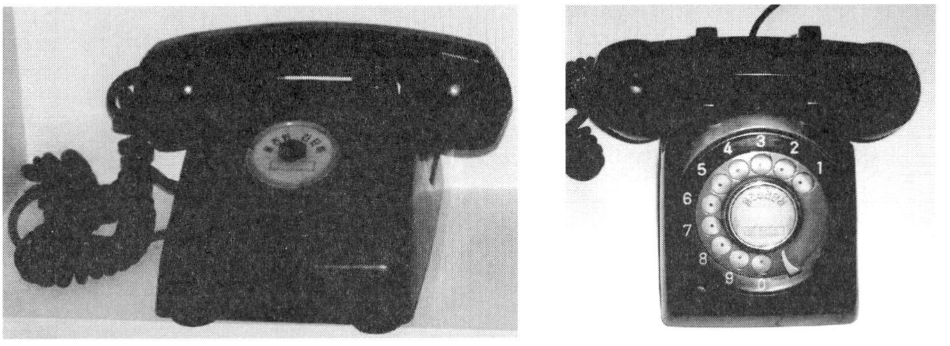

[그림 12-3] 송화기와 수신기가 합쳐진 공전식 전화기와 다이얼식 전화기
(출처: 유플러스 블로그, http://blog.joins.com/media/index.asp?uid=schoolbells)

2.3 다이얼이 버튼으로 형태를 바꾸어 새로움을 입다(Replace).

최근 주요 도시에서는 버튼식 전화기가 빈티지 디자인 전화기로서 매장 인테리어에 사용되는 소품이 되었지만, 아직도 국내외 지방에서는 이 버튼식 전화기를 발견할 수 있다.

앞서 제1장에서 형태를 변화시켜 신제품을 만드는 기법에서 소개했듯이, 기존 형태가 원형이므로 네모나 세모에서 새로운 시장기회가 존재했다. 다이얼 대신에 버튼을 전화기에 채용함으로써 시각적으로도 원형에서 네모로 소비자들에게 새로움을 주게 되었다.

[그림 12-4] 원형의 다이얼을 네모형태로 변형한 버튼식 전화기

2.4 전화기가 녹음기와 결합하다(Aleatorik).

녹음기는 1970년대 독자적인 제품 카테고리에 속해 있었다. 지금은 사라진 제품 카테고리이다. 하지만, 이 녹음기가 전화기와 결합하여 사람들의 욕구를 충족시키게 된다. 사람이 없을 때 전화를 받아주었던 것이다. 이는 전화기 역사에서 최초로 다른 제품 카테고리와 융합(Aleatorik)을 성공시킨 사례이다.

기존의 전화는 사람이 없으면 전화를 받지 못하기 때문에 전화를 받아야 하는 일이 있을 경우 전화기 옆에서 기다려야 했다. 하지만, 자동응답전화기는 사람이 없어도 전화를 받아 음성으로 메모를 남길 수 있는 기회를 제공한다.

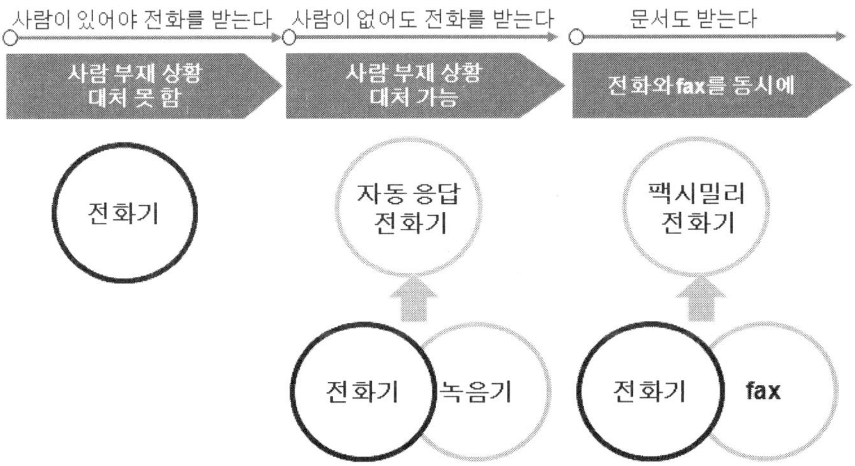

[그림 12-5] 전화기와 다른 제품 카테고리의 결합(Aleatorik)

2.5 전화기가 팩시밀리와 결합하다(Aleatorik).

팩시밀리는 PC의 출현으로 그 사용빈도가 많이 줄어들었지만 현재에도 많이 사용되는 제품이다. 이 팩시밀리는 전화기와 결합하여 전화기의 역사에서 두 번째로 알레아토릭(Aleatorik)을 성공시킨 제품이다. 사람들은 팩시밀리의 출현으로, 전화기를 통해 음성의 송수신 이외에도 문자가 적힌 종이를 보내고 받을 수 있게 되었다.

2.6 전화선을 제거한(Stripping) 무선전화기가 출시되다.

한국에 무선전화기가 1980년대 말에 출시되었을 때 매우 혁신적인 제품으로서, 사람들의 주목을 받았다. 바텔과 맥슨이라는 무선전화기 회사이름은 이 당시를 기억하는 사람이라면 기억하고 있을 것이다. 이 제품 덕에 꼬여있는 전화선을 풀어야 하는 수고도 없어졌고, 집안을 돌아다니면서 전화통화를 할 수 있게 되었다. 기존의 유선 전화기를 이용할 때 이동할 수 있는 범위는 전화선의 길이만큼만으로 제한적이었다. 무선전화기의 등장으로 전화기

자체가 이동할 수 있다는 개념이 사람들에게 처음으로 각인되는 계기가 마련되었다.

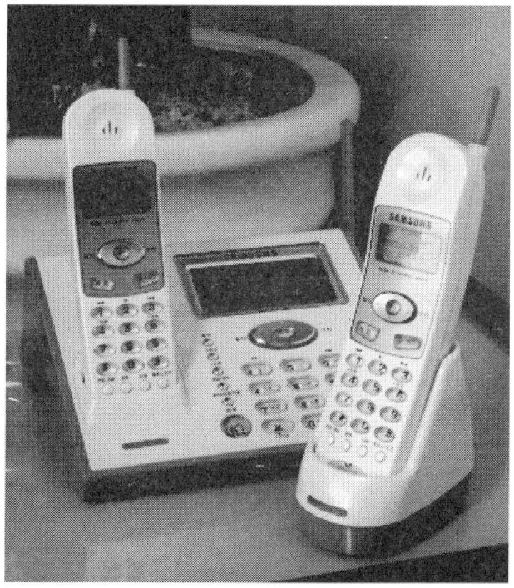

[그림 12-6] 자동응답기능이 있는 무선전화기 (출처: 유플러스 블로그)

2.7 이동통신시대가 열리다(Stripping).

한국에서 이동통신 서비스를 시작했을 때, 사람들은 더 이상 공중전화 앞에서 3분의 통화제한 시간에 맞추어 동전을 더 준비하거나, 공중전화카드의 잔액을 확인하거나, 앞 사람의 통화가 끝날 때까지 공중전화부스 앞에서 기다리지 않게 되었다. 걸어 다니면서 전화를 하게 된 것이다. 집 안에서나 사무실 안에서도 일정 범위 내에서만 통화가 가능했던 무선전화기와는 달리, 통화를 할 수 있는 제한범위 자체가 무의미해졌다.

초기 이동전화에는 전화번호가 뜨는 화면도 없었고, 음질도 좋지 않았다. 하지만 점차 발전하여 이제는 컬러화면을 통해 화상통화도 할 수 있게 되었다. 목소리로 전화하지 않고, 얼굴을 보면서 소통할 수 있게 된 것이다.

2.8 이동전화기가 PC와 결합하다(Aleatorik).

이동전화기가 PC를 만나니 사람들의 통신생활이 아닌, 전반적인 라이프스타일에 변화가 일어났다. 이동전화기에 OS를 첨가시켜 smart기능을 갖게 되자, 단순한 소통수단이던 전화기로 PC와 인터넷에서 활용하는 모든 일을 할 수 있게 된 것이다.

이제 집 안에서는 Smart TV가 많은 일을 하고, 집 밖에서는 Smart Phone이 많은 일을 하게 되었다. 이렇게 이동통신이 OS를 가진 PC기능을 갖는 융합(Aleatorik)이 이루어지자, 전화기는 음성통화, 화상통화, 음악감상, 영화감상, 쇼핑, 검색, 사진기 등의 거의 모든 가전을 통합한 상태로 변하게 되었다. 이것은 '사물인터넷'이라는 개념으로 설명이 되고 있는데, 2015년 1월, 스위스 다보스에서 열린 세계경제포럼에서 에릭 슈미트 구글회장은 "인터넷이 사라지게 될 것"이라고 언급하여 화제를 모았다. 사물인터넷을 통해 인터넷이 일상적인 물체와 서비스의 일부가 되면서 마치 사라지는 것처럼 보이게 될 것이라는 의미인 이 말은 앞으로의 시대가 어떻게 변화고 진화할 것인지를 생각하게 한다.

지금까지의 내용에서 보듯이 전화기는 제품카테고리 간의 융합(Aleatorik)이 가장 극적으로 이루어진 제품이라 할 수 있다. 120년 동안 변화가 적은 가전제품이었던 전화기는 불과 10여년 사이에 세상에서 없어서는 안 될 존재가 되었으니 말이다.

3 ▸▸ 미래 발전방향

전화기의 역사에서 가장 획기적인 매출 증대나 보급이 이루어진 사건은,

1) 전화기가 개인의 필수품이 되었을 때와
2) 전화기가 모바일(mobile) 기기가 되어 실내에서 실외로 나왔을 때이다.

또 다르게 생각하면 전화기는 사치품에서 필수품으로 변화하면서 많은 사람들이 사용하는, 너무나 흔한 제품이 되어버렸다. 그리고 이제는 더 이상 추가할 기능이 무엇일지 잘 생각나지 않는 상태가 되었다.

이미 개발되어 있는, 타 제품카테고리와의 결합도 거의 모두 마친 상태이다. 우리는 이것을 전화기가 이제 일반상품(commodity)으로 변화했다는 의미로 해석할 수 있다. 이런 상태의 제품들을 차별화시킬 수 있는 방법은 무엇일까?

바로 형태(shape)와 색상(color)이 된다. 그 이유는, 일반상품(commodity)화가 되었다는 것은 shape－color－contents의 인지분석기초 중 'contents에서는 차이가 발생하지 않는다'는 의미이기 때문이다. 따라서 전화기와 관련한 미래의 시장기회는 특정 사회계층의 욕구를 만족시키는 형태(shape)와 색상(color)이 완전히 다른 제품이 될 것이라고 예상할 수 있다. 이 미래제품이 나오는 순간, 현재의 smart phone은 형태(shape)와 색상(color)면에서 시대에 뒤

떨어진 제품이라는 평가를 받게 될 것이다.

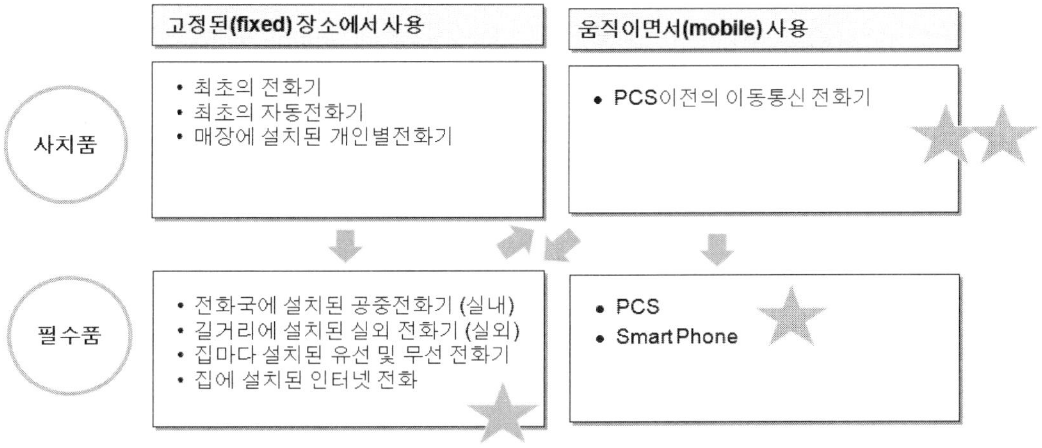

[그림 12-7] 미래 전화기의 시장기회

4 ▸▸ 참고문헌

- 매일경제 2015년 1월 24일 기사: '[다보스포럼] 에릭 슈미트 "인터넷 사라질 것"…남다른 안목'
- http://blog.naver.com/hjo0075?Redirect=Log&logNo=140013623820
  (이글은 2007년 1월26일자 영남일보 주말매거진 Weekiy 4U 에 실린 글을 옮긴 것임.)
- http://www.ktlinkus.co.kr/

제13장

구두의 화려한 변화는 dressing과 stripping의 역사

이 장에서는 서양식 구두의 사례를 통해 형태(shape) – 색상(color) – 내용(contents)의 변화를 설명하고, 이러한 변화가 신제품 개발의 원동력이 됨을 증명하려 한다. 이를 통해 독자가 형태(shape) – 색상(color) – 내용(contents)을 변화시키기 위해 무엇을 해야 할 지 고민하고, 그 과정에서 해답을 찾는 단초를 제공하는 것이 이 장의 목적이다. 특히, 구두의 사례에서는 형태(shape)의 변화를 눈여겨 볼 것을 권한다. 구두의 역사는 형태의 변화만으로도 완벽한 신제품 개발이 가능함을 보여준다. 마지막으로, 함께 사용되는 제품과 결합된, 새로운 제품을 개발하는 모습을 제시한다. 더 나아가 최근에 발달하는 IT(Information Technology), BT(Bio Technology), CT(Cultural Technology)와 결합하는 새로운 구두를 상상해 보기로 한다.

구두 디자이너들은 신체 중 아주 작은 부분을 차지하는 발을 보호하면서도 사람의 외모에 있어 전체적인 맵시를 돋보이게 하는 구두를 디자인하는 목표를 갖고 있다. 제한적인 만큼만 허락되는 크기에서 어떻게 신제품을 탄생시킬까하는 고민을 한다.

이러한 고민은 구두의 역사를 관통하며, 기존에 존재하는 구두에 무엇인가를 보태는 dressing과 무엇인가를 없애는 stripping을 통해 해답을 찾는 것으로 해결되어왔다. 그렇다면 신체의 말단에 있는 이 발을 감싸는 구두에는 어떤 dressing과 stripping의 역사가 있을까?

이 장에서는 19세기 부츠(boots)에서 시작하여, 1975년의 제품까지의 사례를 설명한다. 이 내용은 다양한 구두 디자인을 보여줌과 동시에, 구두라는 작은 물건에 얼마나 많은 dressing과 stripping이 적용되었는지를 보여 줄 것이다. 이를 통해 가장 단순한 dressing과 stripping이 시장에서 성공할 수 있는 제품변화의 기초임을 증명한다.

단, 이 장에서는 신발(shoes)이라는 제품 카테고리를 다루는 것이 아니다. 신발이 T(time; 시간), P(place; 장소), O(occasion; 상황)에 따라 다른 형태(shape) – 색상(color) – 내용

(contents)을 지닌다는 것은 너무나 일상적인 내용이다. 이 장에서는 신발 중에서 정장용 신발(dress shoes)인 구두만을 다루는 것으로 논의의 범위를 좁히고자 한다.

1 ▸▸ 남성 구두의 dressing과 stripping*

다음의 [그림 13-1]은 19세기 초의 부츠의 형태를 보여주고 있다.

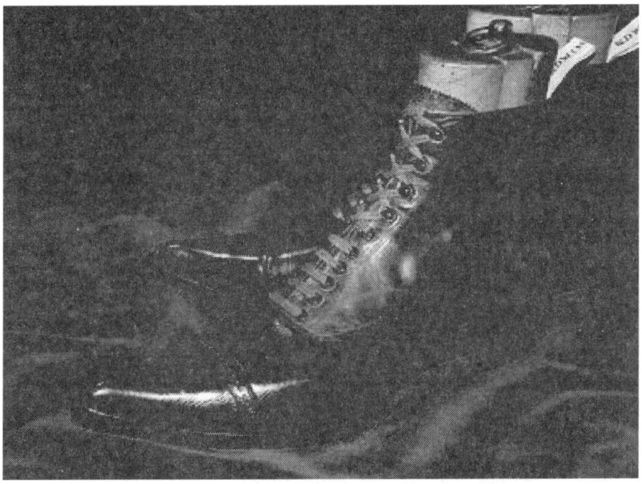

[그림 13-1] 1885~1895년경의 남성용 부츠
(출처: http://www.classicshoesformen.com)

이 부츠의 특징을 몇 가지 나열해 보자.

- 발목 위로 감싸는 부분이 있다
- 끈으로 조인다.
- 발가락을 덮는 부분이 있고
- 아래쪽 발등을 덮는 가죽부분이 더해져 있으며,
- 발가락을 덮은 가죽, 위쪽 발등을 덮는 가죽부분, 아래쪽 발등을 덮는 가죽 등 세 부분이 바느질로 연결되었다.

---

* 구두에 대한 체계적인 분류는 국내외서적에서 발견하기 쉽지 않다. 이에, www.shoes.pe.kr 라는 개인사이트(임영식, 2010)에서 다루는 구두분류와 내용을 참고하였다.

이제 이 부츠로부터 신제품이 어떻게 차별적으로 만들어졌는가를 살펴보자.

1.1 옥스퍼드 구두(Oxford shoes)

이 구두의 명칭이 옥스퍼드라고 불리게 된 이유는 1800년도부터 영국의 옥스퍼드 대학의 학생들 사이에서 유행이었던 부츠의 이름으로부터 유래되었다. 이 부츠는 옆이 트이어 있고 정강이의 반까지만 올라오는 반부츠(half-boots)로, 처음에는 옥스퍼드 대학을 지칭하는 별명인 옥소니안(Oxonian)이었다가 현재의 옥스퍼드로 변하게 된다. 이 부츠는 옥스퍼드 학생들이 무릎이나 발목까지 올라오는 긴 부츠에 반대하여 단화를 신기 시작했기 때문이라고 알려져 있다(위키피디아).

이 구두의 특징을 부츠와 견주어 말하면 다음과 같다.

- 발목이상의 종아리를 감싸는 부분이 없어졌다(stripping)
- 복사뼈 보다 낮은 위치까지 구두의 높이가 낮아졌다.

[그림 13-2] 옥스퍼드 구두 중 발모랄(Balmoral)

이 발모랄 형태의 옥스퍼드구두의 가장 큰 특징은 기존 부츠의 종아리를 감싸는 부분이 없어졌다는 점이다. 이 발모랄 형태의 옥스퍼드 구두에서 약간 변형된 형태로 '부르처(Bulchel)' 또는 '벌철'이라고 불리는 형태가 있다. 이 구두는 1815년 프러시아의 어느 장군이 신었다는 신발로, 앞날개부분이 밖으로 열려져 있어서 신고 벗기가 편한 디자인이라고 주장되고 있다.

[그림 13-3]은 국내 구두기업인 '에스콰이어'에서 출시한 신제품이다. 이 제품에서 보

듯이 부르처의 가장 큰 특징은 발가락을 덮은 부분과 위쪽 발등을 덮는 가죽부분이 아래쪽 발등을 덮는 가죽과 바느질로 연결되지 않고 하나로 합해져져 발등을 모두 덮고 있다는 점이다(dressing).

[그림 13-3] 1815년 유럽의 어느 장군이 신던 구두 디자인이 에스콰이어의 신제품으로 출시된 사례(부르처)

한 편, [그림 13-2]가 [그림 13-3]으로 변화하면서 변하지 않은 부분이 있다. 바로 뒷꿈치 부분을 덮은 가죽이다. 이 뒷꿈치쪽 가죽마저 모두 연결시켜 하나의 통가죽으로 만든 구두를 원피스 뱀프(one piece vamp)라고 부른다. 세 조각 가죽의 이음새를 모두 없앤 측면에서는 stripping이며, 세 조각의 가죽을 모두 합쳤다고 생각하면 dressing이다.

[그림 13-4] 금강제화가 판매하고 있는 원피스 뱀프 형태의 신발

[그림 13-3]의 신발 등에 펀칭의 디자인이 남아있고, [그림 13-4]의 원피스 뱀프 형에서도 발등에 봉제선과 같은 장식펀칭 디자인이 남은 것은 아일랜드계통 옥스퍼드 구두의 특징을 보여준다. 즉, 기본 가죽에 장식펀칭이라는 dressing을 하여 꾸민 것이다.

1.2 슬립 온 (Slip-On)

슬립 온이라는 것은 옥스퍼드구두에서 사용하는 구두끈이나 지퍼 등이 없는 구두의 총칭이다. 구두가 발과 분리되지 않게 하기 위해 옥스퍼드 구두에서는 끈 등이 사용된 것이기 때문에, 슬립 온에서도 발과 구두를 밀착시키기 위해 Gore라는, 탄성이 있는 소재(고무줄 등)를 신발 전면 발등 양쪽에 사용한다. 이렇게 Gore를 일반적으로 사용하지만 Gore를 사용하지 않는 슬립 온을 스텝 인(Step-In)이라는 별도의 이름으로 부르기도 한다.

따라서 기존 옥스퍼드에서 신발끈 등이 stripping된 것이 슬립 온이고, Gore라는 것이 dressing되는 것이 일반적이다. 하지만 Gore도 사용하지 않는 스텝 인이 있는 것이다.

[그림 13-5] '슬립 온' (출처: www.marksandspencer.com)

[그림 13-6] '스텝 인'이라고 할 수 있고, 동시에 '모카신'의 영향을 받은 '로퍼'

[그림 13-6]의 왼쪽 구두에서는 오른쪽 인디언 신발 모카신의 영향을 받은 봉제선을 발견할 수 있다. 전통적인 유럽식 구두에는 없었던 것인데, 구찌(Gucci)라는 브랜드에서 인디언의 신인 모카신의 봉제선을 구두에 도입한 후에 유행한 것이다(dressing).

특히, 왼쪽의 스텝 인은 발등쪽에 덧대어진 가죽밴드에 긴 홈이 나 있는데, 이런 종류의 신발을 페니로퍼(Penny Loafer)라고 특별히 부른다. 일부러 장식적으로 추가한 것이니 dressing이다.

이렇게 부츠에서 시작한 남성용 서양구두는 발목 위를 덮은 부분을 없앤, 대규모 stripping이후 가죽부분에서는 주로 dressing이 이루어지고, 미국 인디언의 신발요소도 dressing 된 것을 볼 수 있다.

1.3 남성용 부츠의 dressing과 stripping

부츠(Boots)는 구두의 맨 윗선(톱라인)이 복사뼈보다 높이 올라간 구두의 총칭이다(임영식, 2010). 높이, 넓이, 재료, 용도에 따라 여러 가지 분류가 있으나 대개 높이에 따라 나눈다.

- 높이에 따른 분류: 앵클부츠, 하프부츠, 롱부츠(앵클부츠에 비해 하프부츠와 롱부츠는 dressing되어 있는 상태이다.)
- 디자인 및 기능에 의한 분류: 워크부츠, 엔진니어부츠, 페코스부츠, 사이드 고어부츠, 죠도풀(Jodhpurs), 찻카부츠(Chukka boots), 컨트리부츠, 몽키부츠, 트레킹부츠, 디저트부츠, 웰러비, 웨스턴 부츠

위의 분류 이외에도 다시 '끈이 dressing 또는 stripping'되어 있는지에 따라 분류할 수 있다.

2 ▸▸ 여성 구두의 dressing과 stripping

남성 구두보다 여성 구두의 역사에서 강도와 빈도가 높은 dressing과 stripping이 이루어졌다. 여성 구두의 종류가 매우 다양하므로 부츠와 굽의 높이에 따른 분류도 논의에서 제외한다.

이 장에서는 첫째 분류로서, 플래인 펌프스(Plain Pumps)라고 불리는 여성정장화의 역사 속에서 dressing과 stripping을 살펴본다. 둘째 분류로는 힐을 기준으로 한 분류를 살펴본

다. [그림 13-7]이 플래인 펌프스라고 불리우는 형태이다. 일반인들은 그냥 정장구두라고 부른다.

[그림 13-7] 플래인 펌프스(Plain Pumps)로 분류되는, 일반적인 여성용 정장화

2.1 코 끝을 없앤 토 오픈 펌프스(Toe Open Pumps) – stripping

[그림 13-8]처럼 [그림 13-7]의 형태에서 구두의 발가락쪽 끝부분을 제거(stripping)하여 새로운 여성용 구두를 만들 수 있다. 이름 그대로 '토 오픈 펌프스'이다. 발가락 부분이 개방된 구두라는 뜻이 된다.

[그림 13-8] 구두의 코끝을 없앤 토 오픈 펌프스(Toe Open Pumps)—stripping
(출처: Pierre hardy)

2.2 뒷 날개를 없앤 백 오픈 펌프스(Back Open Pumps) — stripping, ambigram

구두의 뒤꿈치 쪽을 터놓은 형태의 펌프스를 말한다. '플레인 펌프스'와 비교하면 뒤축이 제거(stripping)된 것이고, '토 오픈 펌프스'와 비교하면 구두 반대쪽을 없앤 것이니까 ambigram이다. 이를 슬링백(Sling Back Pumps)이라고도 부른다.

[그림 13-9] '백 오픈 펌프스(Back Open Pumps)' — stripping 또는 ambigram

(출처: uk.louisvuitton.com)

2.3 토 앤드 백 오픈 펌프스 - aleatorik

'토 오픈 펌프스'와 '백 오픈 펌프스'가 aleatorik에 의해 결합하면 토 앤드 백 오픈 펌프스이다.

[그림 13-10] 토 앤드 백 오픈 펌프스 — aleatorik

(출처: Stuart Weitzman)

2.4 사이드 오픈 펌프스(Side Open Pumps) — stripping

이제 플래인 펌프스에서 앞, 뒤 이외에 제거할 수 있는 부분은 한 군데만 남았다(stripping). 바로 구두의 양쪽 측면 또는 한쪽 측면이다. 오픈섕크(Open Shank)라고 부르며, 섕크란 구두날개의 중앙부분을 말한다(Miller, 2009).

[그림 13-11] 사이드 오픈 펌프스(side open pumps) — stripping

2.5 스트랩 펌프스(Strap Pumps) — dressing

플래인 펌프스 형태에서 발목부분이나 발등부분에 띠를 dressing한 구두를 스트랩 펌프스라고 부른다. 발목부분에 띠를 dressing한 구두를 앵클 스트랩 펌프스(Ankle Strap Pumps)라고 부르며, 여기에 발등부분까지 띠를 dressing한 구두를 티-스트랩 펌프스(T-Strap Pumps)라고 부른다.

[그림 13-12] Manolo Blahnik의 앵클 스트랩 펌프스(Ankle Strap Pumps) — dressing

(출처: Nordstrom 홈페이지)

[그림 13-13] Gucci의 티-스트랩 펌프스(T-Strap Pumps)
(출처: Nordstrom 홈페이지)

2.6 굽 높이에 의한 여성구두의 분류—dressing, stripping, repeat

굽 높이에 따른 분류 중 일반적인 것이 로우 힐(low hill), 미들 힐(middle hill), 하이 힐(high hill)의 분류이다. 앞굽은 가만히 고정시킨 상태에서 가장 낮은 굽인 로우힐을 기준으로 하면, 뒷굽의 높이가 dressing 된 제품이 미들 힐이다. 여기서 더나가 앞굽은 고정시킨 상태에서 뒷굽이 더 높아지면 하이 힐이다. 따라서 굽의 높이는 dressing과 stripping의 반복일 뿐이다.

여기에서 앞굽이 뒷굽과 같이 dressing되어 높아지는 경우가 있다. 이를 쵸핀(chopine) 또는 플랫폼 구두(platform shoes)라고 부른다. 이 디자인은 15~17세기에 유행했던 것으로 알려져 있으나, 1970년대 영국의 디자이너인 비비안 웨스트우드(Vivienne Westwood; 1941~)가 강력하게 부활을 시도했으며, 21세기 들어와서도 다시 복고되어 시장에서 목격되고 있다(repeat).

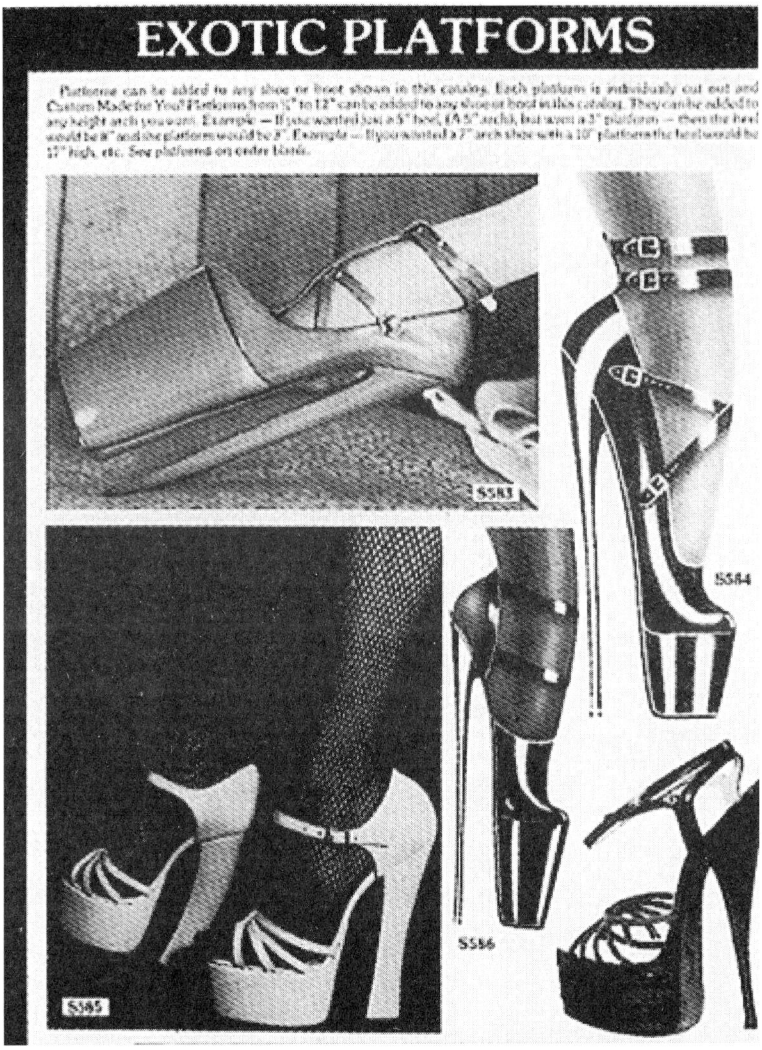

[그림 13-14] 20세기 초반의 광고물 중의 하나

이렇게 구두는 몇 백년, 몇 십년, 몇 년간에 걸쳐 유행으로 되돌아오는 경향이 뚜렷한 제품이다.

[그림 13-15] 비비안 웨스트우드의 플랫폼 구두(Platform Shoe)
(출처: en.vogue.fr)

지금까지 논의한 것을 보면, 구두 형태의 변천은 끊임없는 dressing과 stripping, 이를 통합한 aleatorik, 과거의 패션이었던 구두가 다시 시장에 등장하는 repeat의 반복의 역사를 가졌다는 것을 알 수 있다. 이처럼 창업을 위한 신제품 아이디어 또한 기존 제품에 대해 dressing, stripping, aleatorik, repeat가 가능한 지, 진지한 점검을 통해 얻을 수 있을 것이다.

3 ▸▸ 내용(contents) 측면의 구두의 변화

19세기에 인공섬유가 개발되어 나오기 전까지 구두의 소재는 몇 천년동안 거의 변화하지 않았다. 식물섬유로 만들어진 천이나 나무, 동물로부터 얻는 가죽이 전부였다. 여기에 이들 소재를 연결하거나 보완 및 장식하는 부자재로 금속이 사용되었다. 인공섬유가 등장하면서부터 구두에 사용되는 소재가 다양해지기 시작한다. 사람들이 모조품을 파는 시장에서 쇼핑을 할 때 가죽이나 털 등 제품의 소재가 진짜인지 가짜인지를 잘 살피는 것이 매우 자연스러워 진 것도 다양한 소재의 개발로 인한 것이다. 이렇게 새로운 소재가 끊임없이 기존 구두의 주소재를 대체할 것으로 예상된다.

4 ▸▸ 미래의 구두 예측하기

우리는 신제품 구두의 미래를 구두 내부의 미래와 구두 외부의 미래로 나누어 예측해 볼 수 있다. 먼저 과거부터 지금까지 이루어진, 구두 내부의 제품변화 기본방향을 정리해 보면 다음과 같다.

- ▸ 형태는 기본 형태에서 굽이 높아지거나 낮아졌다.
- ▸ 형태는 발등을 싸는 부분이 더해지거나 제거되는 변화를 가졌다.
- ▸ 구두가 발만을 감싸거나 다리까지 감싸는 변화를 가졌다.
- ▸ 색상이 지속적으로 추가되는 경향이 있었다.
- ▸ 과거에 있던 구두가 새로운 시기에 다시 반복되어 유행했다.
- ▸ 구두의 재질은 주로 천과 가죽이었고, 이를 대체하는 소재가 만들어졌다.

위의 변화방향을 하나씩 점검해 보면 아래와 같다.

첫 번째 경향으로, 형태는 기본 형태에서 굽이 높아지거나 낮아졌다. 그런데, 최근의 굽은 점점 높아지는 경향이 있다. 킬힐이라고 불리는, 매우 높은 굽의 구두의 판매가 예전보다 높아졌다. 따라서 기존의 굽보다 높은 굽이 등장할 가능성도 있다. 베네치아에서 1900년대에 등장했던 11인치 높이 구두인 [그림 13-16]을 참고해 보자.

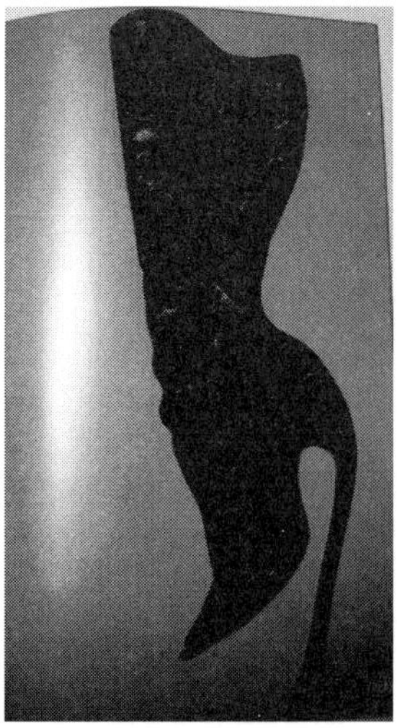

[그림 13-16] 1900년대 베네치아에서 등장했던 11인치 높이의 힐

두 번째 경향은 형태는 발등을 싸는 부분이 더해지거나 제거되는 변화를 가졌다. 하지만, 이런 경향은 최근 경향이 아니고, 구두가 존재하던 모든 시대의 경향이었다. 따라서 거의 더 이상의 발등 뒤를 덮는 부분에서는 혁명적인 변화는 없고, 오직 소소한 개량적인 변화만이 있을 것으로 예측할 수 있다.

세 번째 경향은 구두가 발만을 감싸거나 다리까지 감싸는 변화를 가졌다. 무릎 밑까지 올라온 부츠는 무릎을 넘어서 허벅지에 이르는 길이로도 제품이 존재한다. 이는 부츠의 높이가 계속 증가하는 신제품이 시장전체에 채택될 수도 있다는 것을 의미한다. 이런 제품은 현재에도 존재하나 소수의 사람들에게만 채택되는 제품이다.

[그림 13-17] Stella McCartney 브랜드의 허벅지 높이 부츠(Thigh High Boots)
(출처: www.balleralert.com)

네 번째 경향은 색상이 지속적으로 추가되는 현상이다. 이런 현상은 지속될 것으로 누구나 예상할 수 있다. 이미 너무나 많은 색상이 등장했기 때문에 혁명적인 색상의 변화는 결코 일어나지 않을 것이라고 예상하는 것이 자연스러운 일이다.

하지만 2014년에 놀라운 일이 일어났다. 2014년, 한 영국회사가 눈에 보이는 빛의 0.035퍼센트를 제외한 모든 빛을 흡수하는, 가장 검정색 다운 검정색을 개발해 냈다. 나노튜브(nanotube)라는 물질로, 밴타블랙(Vantablack)이라고 불리는 이 물질은 색은 너무나도 어두워서 구겨진 은박지에 색을 입히면, 구겨진 부분이 검은색 구멍처럼 보이도록 만들어 버린다(출처: www.independent.co.uk). 이처럼 지금까지 없었던, 새로운 색상이나 혹은 색상이 변하는 소재의 개발이 이루어지면 색상의 부분에서도 혁명적인 변화가 일어날 수도 있을 것이다.

[그림 13-18] 세계에서 가장 검은 물질인 밴타블랙(Vantablack)
(출처: Surrey Nanosystems)

다섯 째 경향은 과거의 구두가 다시 유행한다는 것이다. 이런 경향은 계속될 것이다. 그래서 새로운 구두보다는 과거의 구두에 초점을 맞추어 신제품으로 소개하는 것이 훨씬 구두판매회사에게 좋은 전술이 될 것이다. 사실, 구두는 너무 오래 된 제품이므로 구두 내에서의 혁명적인 변화를 찾아보는 것이 쉽게 보이지는 않는다.

여섯째 경향은 구두 본체의 소재를 대체하는 현상에 대한 것이다. 이것은 누구나 예상할 수 있겠듯이, 새로운 인공의 소재가 등장하여 대체하게 될 것으로 예상할 수 있다.

위와 같은 경향과 미래의 모습을 정리하다보면, 구두 내부인 형태-색상-콘텐츠 중에서 혁명적인 변화를 통해 매출이 급상승되는 제품이 등장할 여지는 적어 보인다.

그렇다면 이제 구두 외부의 변화를 통한 미래의 구두를 설계해 보자. 이 설계의 방향을 다시 둘로 나누어 볼 수 있다. 하나는 구두와 동시에 사용되는 제품카테고리와 동시에 사용되지 않는 제품카테고리로 분류하여 살펴보자.

함께 구매되는 제품, 함께 사용되는 제품
• 양말 • 바지, 치마 • 윗도리

[그림 13-19] 구두와 함께 사용되는 제품과 결합시킨 신제품 개발 도구

먼저 구두가 함께 사용되는 상황을 상상하고, 그 상황에 함께 필수적으로 착용하는 제품카테고리를 나열해 보면 [그림 13-19]와 같다.

첫째, 구두를 신을 때 양말을 신는다. 양말기능을 지닌 구두가 상상된다. 기술적으로 가능하다고 생각하는가?

둘째, 치마나 바지와 결합된 구두이다. 이런 제품의 사례는 [그림 13-20]에서 볼 수 있다. 옷 기능을 하는 구두. 또는 구두와 옷이 결합된 이 제품이 사람들에게 채택을 받을까? 우주복이나 소방복, 지뢰제거복, 잠옷 등에서는 이미 이런 결합이 시도된 제품이 있었다. 일반인들이 이런 기능성 복장을 실생활에서 채택할 여지가 있다고 생각하는가?

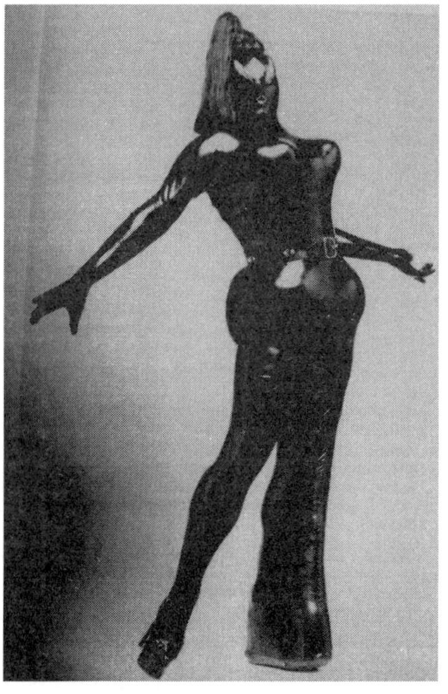

[그림 13-20] 구두와 옷이 결합한 상태(1990년대 등장했던 옷)

그렇다면, 구두와 함께 사용되지 않는 카테고리와 결합시켜 새로운 구두를 만드는 상상을 해 보자.

아래 세 가지 기술과 구두가 만날 수 있을까?

첫째, BT(Bio Technology) 중에서 구두와 만날 수 있는 여지가 있는지 생각해보자. 우리는 발을 보호하기 위해 구두를 신는다. 발에 땀이 많이 나는 사람은 구두를 오래 신으면 세균에 감염되기도 한다. 때문에 구두와 BT를 결합시켜 신제품을 만들 수 있는 기회는 있을 것이다. 발의 위생적 문제를 해결할 수 있는 구두도 각광받을 수 있을 것이다. 또한 구두를 신으면 혈압 등과 같은 신체리듬 수치를 주치의에게 전달하여 건강관리에 도움을 주는 기능을 dressing 할 수 있을 것이다.

2015년에는 스마트폰과 연결하여 온도를 올릴 수 있는 옷이 출시되었다. 이를 구두에 적용할 수 있지 않을까?

둘째, IT(Information Technology) 중에서 구두와 만날 수 있는 여지가 있는지 생각해보자. GPS가 장착된 구두는 어떨까? 위의 주치의에게 데이터를 공유하는 구두나 온도조절 구두는 IT과의 결합이기도 하다.

셋째, CT(Cultural Technology)와 결합시켜 새로운 구두를 개발할 수 있을지 생각해보자. 어느 국가나 민족의 문화적 요소와 결합한 구두를 만들 수 있을 것이다. 또는 T(time). P(place).O(occasion)마다 변형이 가능한 구두를 개발하는 것은 어떨까?

그 외의 아이디어에 대해 토론해보자.

5 ▶▶ 참고문헌

- Design Museum(2009), Fifty shoes that changed the world, London: Conran octupus Ltd.
- Miller, J.(2009), Shoes, London: Octopus Publishing Group.
- Steele, V.(1996), Fetish: Fashion, sex and power, NY: Oxford University Press.
- Robinson, J.(1990), Body packaging: A guide to human sexual display. LA, CA: Elysium Growth Press.
- www.shoes.pe.kr
- 이보현(2010), The shoes, 서울: Style 조선.

제14장

간기능 개선제 개발보고서

이 장에서는 간기능 개선제의 컨셉을 잡고 실제 제품을 만들어 가는 일련의 과정을 보여준다. 해당회사에 제공했던 자료 중 명칭을 알파치노고스와 위버제네시스라는 이름으로 각색하여 제시하고 있다. 미래 창업자들이 미래에 할 작업보고서를 미리 보여주는 것이 이 장의 목적이다.

<시장 분석>

제 1 절 시장분석의 Executive Summary

○ 본 보고서 부문은 3단계로 구성되어 있음.

► 첫째, 한국 간기능개선제 시장의 기존경쟁제품을 Abell의 業개념(Abell's Biz Definition)을 통해 1) 고객목표시장, 2) 고객의 욕구, 3) 고객욕구를 만족시키기 위한 제품이나 기술분석을 실시함.

► 둘째, 이를 바탕으로 이 시장에서 알파치노고스가 개발해야 할 제품의 전략적 과제와 구체적인 제품컨셉을 SFC work shop을 통해 개발하고,

► 셋째, 상위레벨의 action plan을 수립하는 것을 목적으로 함. 이를 통해 2015년 알파치노고스가 간기능개선제 시장에서 안정적인 시장지위를 확보하도록 함.

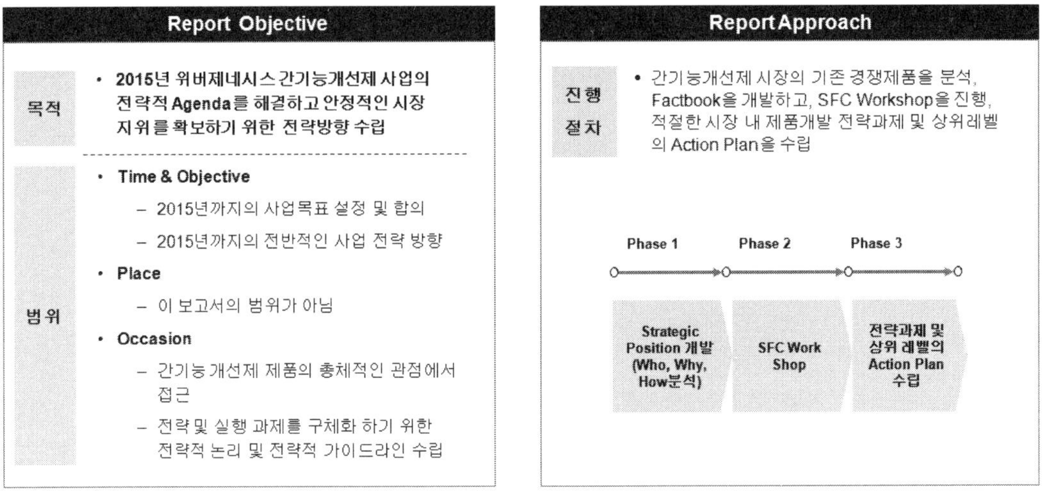

[그림 14-1] 보고서 개요

○ 3단계 절차는 [그림 3-2]와 같음.

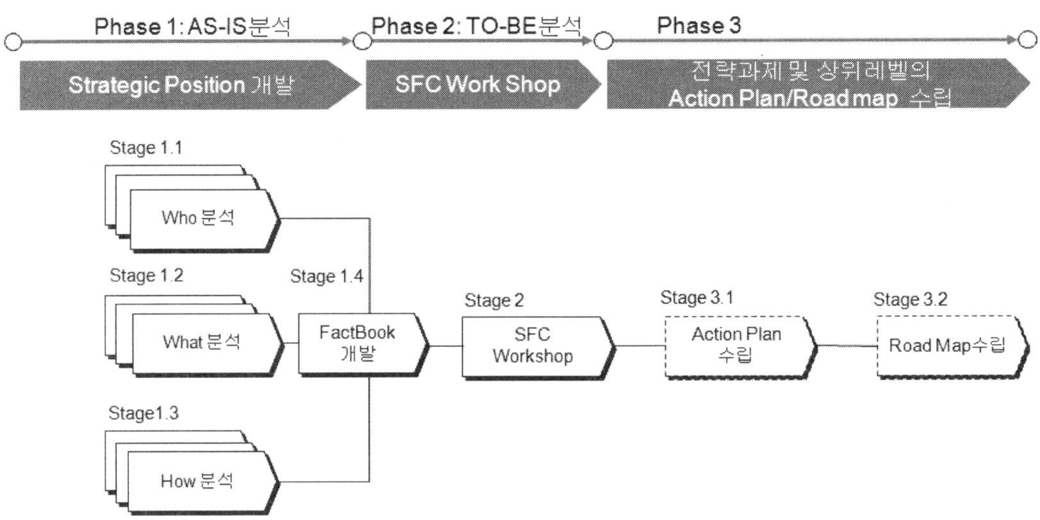

[그림 14-2] Report Approach

○ 그 중 1단계(Phase 1)의 'Abell의 업개념분석'은 X축에서 기존 경쟁자가 목표시장으로 하는 고객집단을 확인하고, Y축에서 간기능개선제의 사용욕구를 나열하며, Z축에서는 Y축의 욕구를 해결하기 위한 기술이나 방법론을 나열할 것임. 이를 통해 간기능개선제 시장의

factbook을 만듦.

- ► X축에 표시된 경쟁사 제품의 positioning에 근거하여, 알파치노고스는 1) 경쟁사와 동일한 목표시장을 공략할 것인지, 2) 경쟁사가 눈여겨 보지 않은 시장을 공략할 것인지, 3) 목표시장 중 특정시장만을 공략할 것인지 결정할 수 있을 것임.
- ► Y축에 표시될 간기능개선제의 구매이유를 바탕으로, 알파치노고스는 1) 경쟁사와 동일한 selling points로 시장에 진입할 것인지, 2) 경쟁사에 없는 새로운 value로 시장을 공략할 것인지를 결정할 수 있을 것임
- ► Z축에 제시될 고객욕구를 만족시킬 기술이나 방법을 시각적으로 표시함으로써 1) 경쟁사와 동일한 기술이나 방법으로 시장을 공략할 것인지, 2) 경쟁사와 다른 기술이나 방법으로 시장을 공략할 것인지를 결정할 것임.

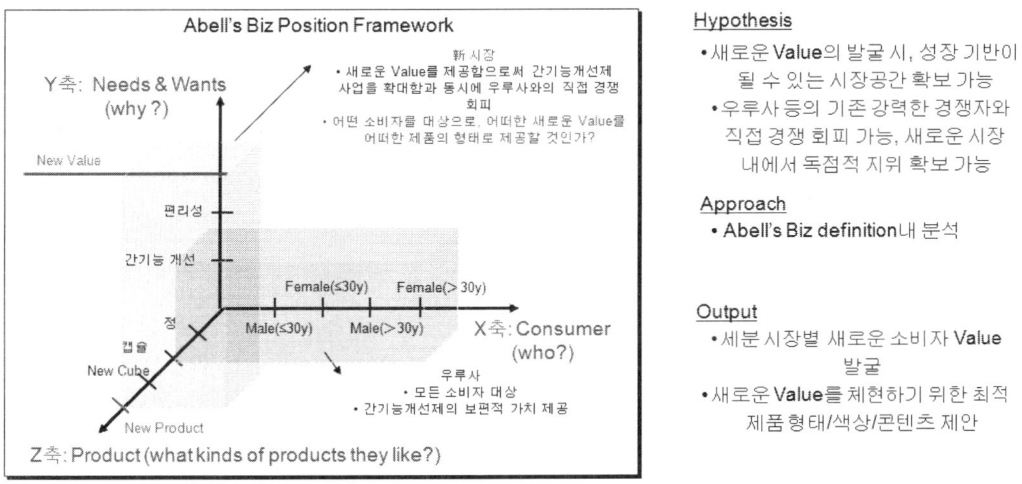

[그림 14-3] Phase 1의 Abell의 업개념분석

○ 2단계(Phase 2)의 SFC Work Shop은 제1단계 산출물인 factbook을 바탕으로, 미래 알파치노고스가 개발할 간기능개선제의 구체적인 제품컨셉을 개발하게 될 것임.

- ► SFC work shop은 3단계로 이루어져 있음.
- ► SCAN단계에서 간기능개선제 시장의 fackbook을 공유하고,
- ► FOCUS단계에서 시장기회(white space)를 찾아내고,
- ► CREATE단계에서 발견한 시장기회를 제품컨셉으로 구체화함.

[그림 14-4] Phase 2의 SFC Work Shop 단계

ㅇ 3단계(Phase 3)에서는 구체적인 제품컨셉을 구현할 작업을 Who, Why, How 순서로 나열하고, 이를 시간대별로 Road map으로 제시함.

ㅇ 위의 과정을 거쳐 정리된 <시장부분> 보고서는 [그림 3-5]와 같음.

- ► Situation: 알파치노고스가 이미 시장포화상태인 성숙기 시장에 진입한 것을 확인함
- ► Complication: 시장의 다양화 고급화의 기회와 강력한 국내외경쟁자의 진입이라는 위협을 확인함
- ► Resolution: 2015년까지 시장에서 안정적 지위를 확보하기 위해 Visible Creative Strategy를 제안하고, 이를 구체화한 제품컨셉인 'antidote for male adults'를 제안함.

Situation

위버제네시스는 '숙성발효'를 통해 간기능개선제를 개발.

하지만, 이미 이 시장은 거의 포화상태.

- 간기능 개선제는 TV광고나 홈쇼핑광고에 많이 노출되는 제품카테고리임.
- 시장에서 위버제네시스가 직면한 경쟁 상황은 우루사의 독점과 수많은 로컬 및 글로벌 시장진입자들이 진입하였거나 진입예상되는 위협적인 시장임
- 이러한 와중에도 위버제네시스는 숙성발효법에 의한 제품개발이라는 장점을 갖고 시장 진입을 노리고 있음

Complication

간기능개선제시장의 다양화, 고급화 추세는 위버제네시스에게 기회로 작용할 것이지만, 현존하는 경쟁사 및 신규 글로벌 경쟁사의 진입가능성은 위버제네시스에게 위협이 될 것임

- 한국 간기능개선제 시장은 소비자의 범위가 확대되고, 인당 소비량이 늘어 시장이 성장할 것이며, 제품과 value의 다양화를 보일 것임
- 이러한 변화에 대응하여 기존 약품회사는 유통망을 더욱 세분화/조밀화할 것임.
- 시장의 다양화는 위버제네시스에게 기회로 작용할 것임. 하지만 신규 경쟁자의 지속적인 진입 가능성은 위협이 될 것임
- 이러한 기회와 위협에 전략적인 대처 준비가 없으면, 위버제네시스도 로컬기업과 글로벌 기업 사이에서 사리질 것임

Resolution

미래의 기회와 위협 대응을 위해 위버제네시스는 2015년까지 우루사와 완전히 차별적인 niche시장에 진입하여야 함. 이를 위해 Visible Creative 전략을 펼쳐야 함.

- 위버제네시스가 2015년 현재 시장의 80%를 점유하고 있는 우루사와 직접 경쟁할 수 있는 수준으로 성장한다면 한국시장에서 성장을 위한 확실한 교두보를 확보했다고 할 수 있을 것임
- 이런 목표를 달성하기 위해 위버제네시스는 Visible Creative Strategy 를수행해 나가야 할 것임
- Visible Creative strategy는 우루사를 상대로 소비자의 Needs를 만족시킬 수 있는 새로운 Value가 추가된 제품을 통해 새로운 시장을 창출하는 것임
- 2015년까지 이러한 전략을 차질 없이 수행하기 위해서는 영업조직 및 유통채널을 시장지향적이며 고효율적으로 개선할 필요가 있으며, 특히 영업부문과 마케팅 부문의 유기적인 협력이 가능한 통합 마케팅 System 및 Process를 구축할 필요가 있음

[그림 14-5] Executive Summary

제 2 절 Phase 1: Abell의 업개념에 의한 전략적 Position개발

○ 'Abell의 업개념' 분석 중 AS-IS결과를 요약하면, 기존 경쟁제품들은 mass시장을 목표시장으로 하면서, 제품의 효능을 강조하고, 이를 부각시키기 위한 제조재료 및 성분을 강조하고 있는 유사제품간의 commodity 경쟁시장으로 파악됨.

- ► 목표시장분석(Who)을 보면, 인구통계학적 변수나 T.P.O. 변수측면에서 목표시장이 명확히 부각되지 않는 비차별화마케팅시장(undifferentiated market)임.
- ► 간기능개선제 섭취이유(Why)분석을 보면, 경쟁사들은 '간기능 개선 효능'에 집중함. 이는 must-have요인측면에서 경쟁이 주로 이루어지고 있음을 보여 줌.
- ► 간기능 개선제 섭취이유를 만족시키기 위해 경쟁사가 제시하는 해결책으로는 주로 '제조성분'이 부각되어 있음. 알파치노고스가 특강점으로 삼고 있는 숙성발효라는 '제조방법'은 아님.

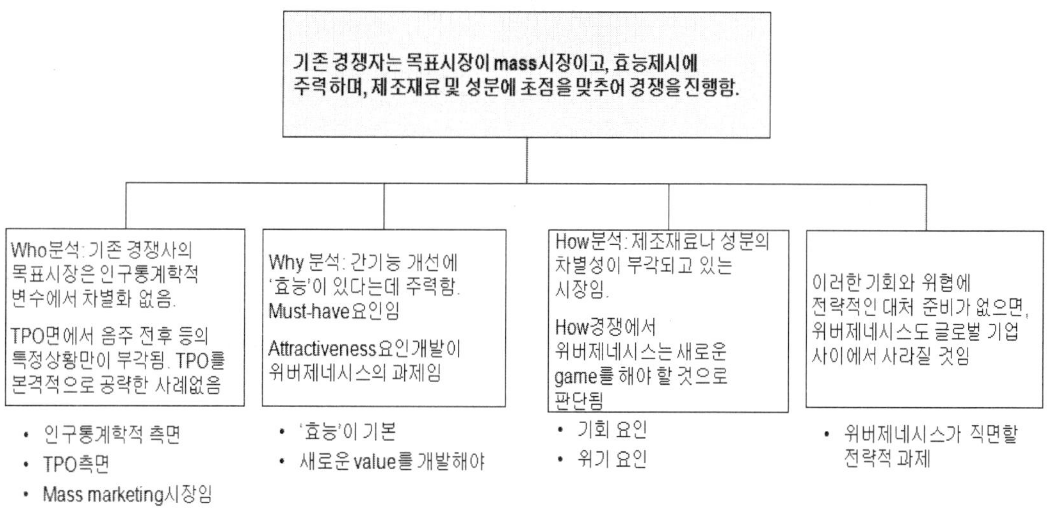

[그림 14-6] Phase 1요약: Abell의 업개념분석

1 ▸▸ 고객목표시장분석(Who분석)

ㅇ 시장확대 가능성: 한국 간기능개선제 소비자층이 지속적으로 확대되면서, 일인당 소비량은 증가할 것으로 예상됨. 또한 소비자들의 건강과 식품 안전에 대한 관심도가 더욱 높아질 것으로 예상됨.

- ► 간기능개선제에 대한 TV광고(차두리가 '간 때문이야...'를 노래함)나 홈쇼핑판매 빈도가 증가함.
- ► [그림 14-7]과 같이 연령대별로 간기능개선제에 대한 독특한 수요욕구가 존재함.

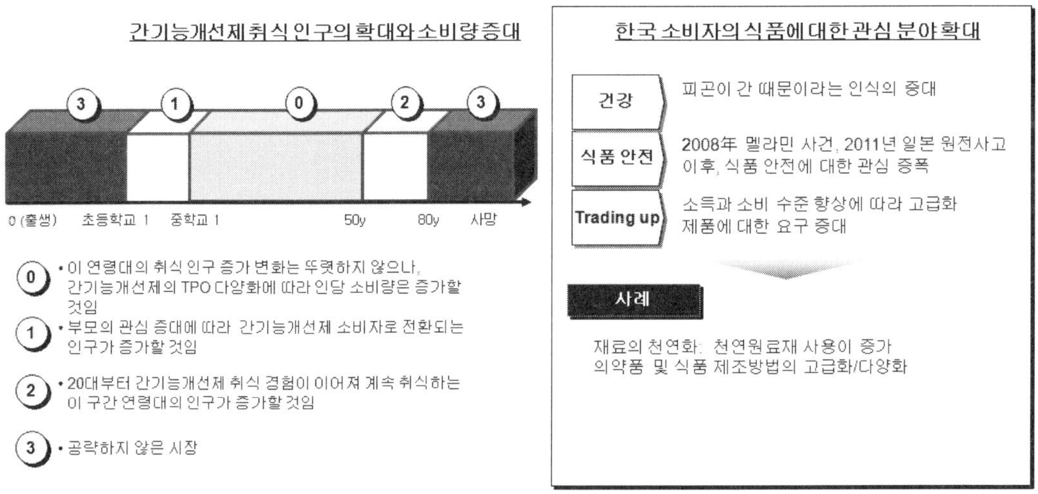

[그림 14-7] 시장확대 가능성분석

ㅇ mass market특성 1: 인구통계학적 변수측면에서 경쟁사 제품들은 목표시장을 명확히 하고 있지 않는 상황임(as-is).

- ► 목표시장을 명확히 하는 작업을 통해 신제품의 제품개발 로드맵이 만들어질 수 있는 기회를 제공할 수 있음(to-be).
- ► 즉, 기존 제품시장이 mass marketing시장이므로 차별화마케팅을 실시할 기회가 있음.
- ► [그림 14-8]와 같이 인구통계학적 변수를 세분화함으로써 특정집단만을 만족시키는 구체적인 제품컨셉을 도출할 수 있음.

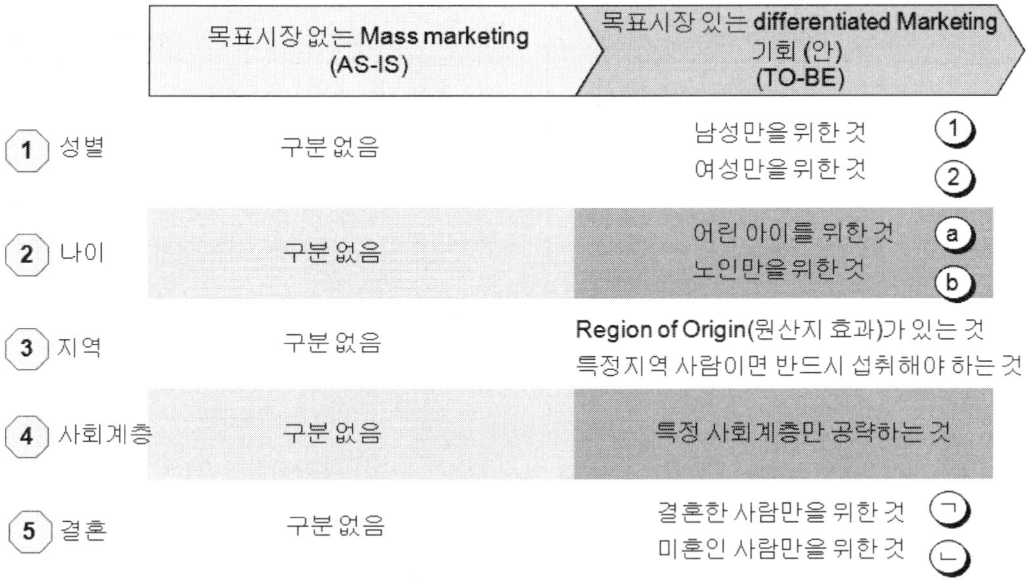

[그림 14-8] 간기능시장의 인구통계학적 mass market특성

ㅇ mass market특성 2: T.P.O.(time, place, occasion)측면에서 경쟁사 제품들은 목표시장을 명확히 하고 있지 않는 상황임(as–is). 목표시장을 명확히 하는 작업을 통해 신제품의 제품개발 로드맵을 만들어 낼 수 있는 기회가 있음(to–be).

- ► 현재 경쟁제품들이 주로 포장이나 사용설명서에서 부각시키고 있는 T.P.O.는 주로 음주전후의 시간, 술접대 등이 이루어지는 집 밖과 집 안의 공간 등임.
- ► [그림 14–10]과 같이 특정 장소와 특정 상황을 제시하여, 간기능개선제를 소비시킬 수 있는 T.P.O.를 개발하는 것이 바람직함.
- ► 이 특정 T.P.O.상황이 간기능개선제시장의 niche시장이 될 것임.

① **목표시장이 불특정(TPO구분이 없는경우)(AS-IS)**

- Time: 간 기능 개선이 필요하다고 느끼는 시기를 명시하여 부각시키지 않음
- Place: 간 기능 개선이 필요한 장소를 명시하여 부각시키지 않음
- Occasion: 자기구매상황, 선물상황의 구분이 없음, 간 기능 개선이 필요한 상황을 명시하여 부각시키지 않음

- **우루사를 비롯한 대부분의 경쟁사가 사용하고있음**
- **Mass marketing: 간기능개선제 전체시장을 목표시장**

▪우리회사가 강력한 경쟁사와 경쟁.
▪우리회사가 피해야하는 시장

② **목표시장이 특정(TPO구분이 있는경우)(TO-BE)**

- Time: 술 먹은 다음 날 아침, 술 먹기 전 등간 기능 개선이 필요하다고 느끼는 시기를 명시
- Place: 술접대 등을 위한 자리 등의 **집 밖**, 간기능 개선이 필요하다고 느끼는 시기에 **집 안**에서 아침에.
- Occasion: 자기구매상황 또는 자기구매상황을 명확히 해야, 구체적인 사용상황을 부각해야

- **우루사를 비롯한 대부분의 경쟁사가 사용하고있지 않은 방법**
- **Differentiated marketing: 간기능개선제를 특정 세분시장에 집중**

•우리회사가 niche를 찾는 방법
•우리회사가 공략해야하는 시장

[그림 14-9] 간기능시장의 T.P.O.측면의 mass market특성

예시

Time	Place	Occasion
	PC앞 (fix)	컴퓨터 및 휴대폰 등 전자기기의 사용이 많으신 분
	휴대용 (mobility)	육류를 좋아하는 분
	집 안 (fix)	불면증
	휴대용 (mobility)	머리가 자주 아프신 분
	회사 및 집 안 (fix)	야근 및 과로가 잦은 분
	휴대용 (mobility)	담배를 많이 피우시는 분
	휴대용 (mobility)/ 및 fix	피부가 검으신 분

[그림 14-10] 간기능시장의 T.P.O.측면을 부각시킬 수 있는 사례

2 ▸▸ 고객욕구분석(Why 분석)

○ 간기능개선제 욕구(value) 다양화 추세: 제품품질 차별화가 어려운 간기능개선제의 특성 및 시장성숙으로 인해 기본적인 value 외에 새로운 부가 value에 대한 needs가 더욱 세밀화하고 다양해질 것임.

- ▸ 단순피로회복에서, 간기능개선으로, 다시 간질환 대처 형태로 value가 다양해 짐.
- ▸ 이는 시간이 지남에 따라 경쟁사들이 고객의 핵심욕구를 만족시킨 후에 부가적인 욕구를 찾는 경쟁으로 변천해 가는 과정으로 이해할 수 있음.

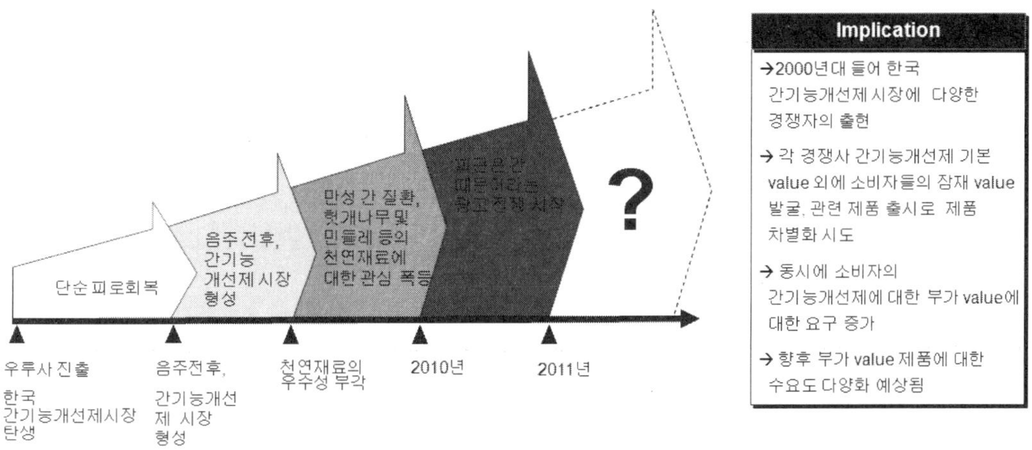

[그림 14-11] 간기능 개선제 시장 욕구의 다양화 추세

○ 간기능개선제 욕구(value)의 분류: 기존 간기능 개선제 제품의 포장이나 광고에서 발견되는 제품의 효능은 크게 세 가지로 나누어 짐.

- ▸ 첫째, 예방차원의 효능을 가진 경우. 음주 전에 섭취해야 하는 간기능개선제로 positioning한 경우임
- ▸ 둘째, 간기능이 손상되어 아직 병으로 발전하기 전 단계에 초점을 맞춘 경우. 주로 피로회복에 초점을 맞추었음.
- ▸ 셋째, 간기능 손상이 진행되어 간에 병이 발생한 경우에 초점을 맞추어 제품을 어필하는 경우임.

► 예방차원보다는 병이 발병한 이후의 효능에 대한 제품소구가 많은 종류를 차지함. 하지만, '피로'라는 증상에 대한 광고노출이 많은 시장임. 따라서 판매자들은 '피로회복'이라는 소구점에 맞추어 주로 경쟁하는 시장으로 파악됨.

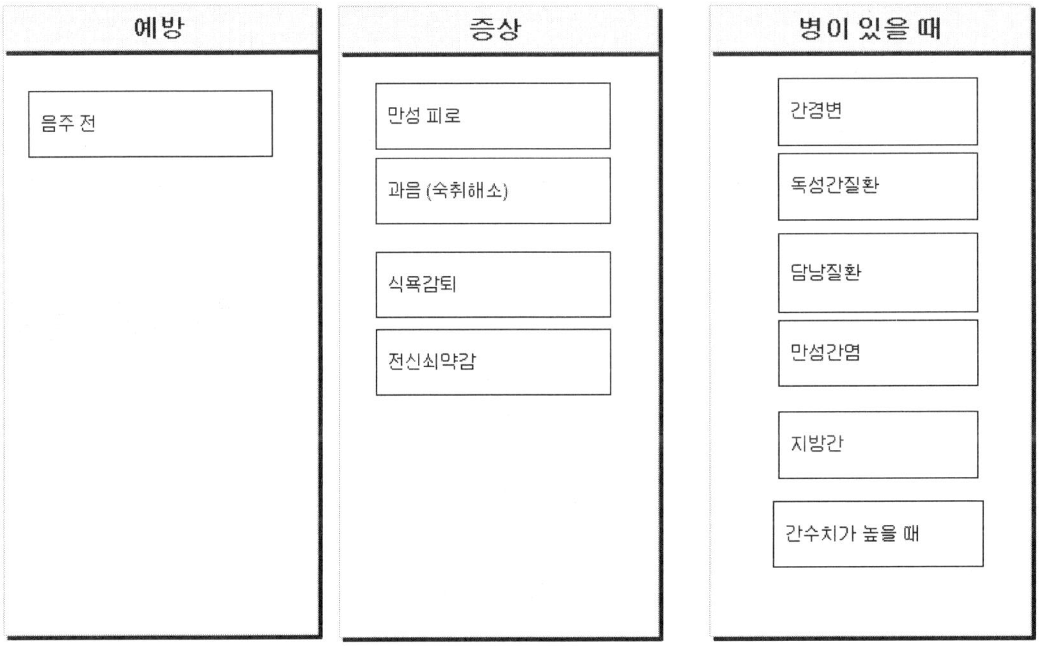

[그림 14-12] 간기능개선제시장 광고의 소구점 분류

○ 알파치노고스는 must-have에서 attractive로 개선해야: 기존 간기능개선제 시장에 진입한 경쟁자 제품은 주로 간기능 개선 '효능'측면에서 경쟁함(must-have).

► 간기능개선제가 간기능개선 효능이 있다는 것은 당연한 것임. 이 측면에서 기존 경쟁자들은 이미 고객들에게 제품을 구매하여 섭취할 기회를 가졌음.
► 반면에 알파치노고스는 고객들이 아직 우리의 효능을 모르는 상태임.
► 알파치노고스는 이를 당연히 갖춘 상태에서 구매자에게 어필할 수 있는 매력적 속성을 갖추어야 함([그림 14-13] 예시 참조).
► 예를 들어, 효과가 다른 제품보다 빨리 나타난다거나(효과즉시성), 다른 간기능개선제보다 한 번 섭취 후 약효 지속이 오래되거나(효과지속성) 등과 같이 경쟁사를 직접 공략하면서도 알파치노고스 제품의 장점이 부각되는 속성을 매력적 속성(attractive attribute)으로 부각시켜야 함.

► 하지만, must-have 또는 must-be요인인 효능측면는 구매자가 구매 후에야 인식하는 속성이므로, 아직 알파치노고스가 부각시킬 수 있는 속성이 아님
► 따라서 구매이전단계에서 구매자에게 매력적 속성이 시장진입 초기에 부각되어야 함.

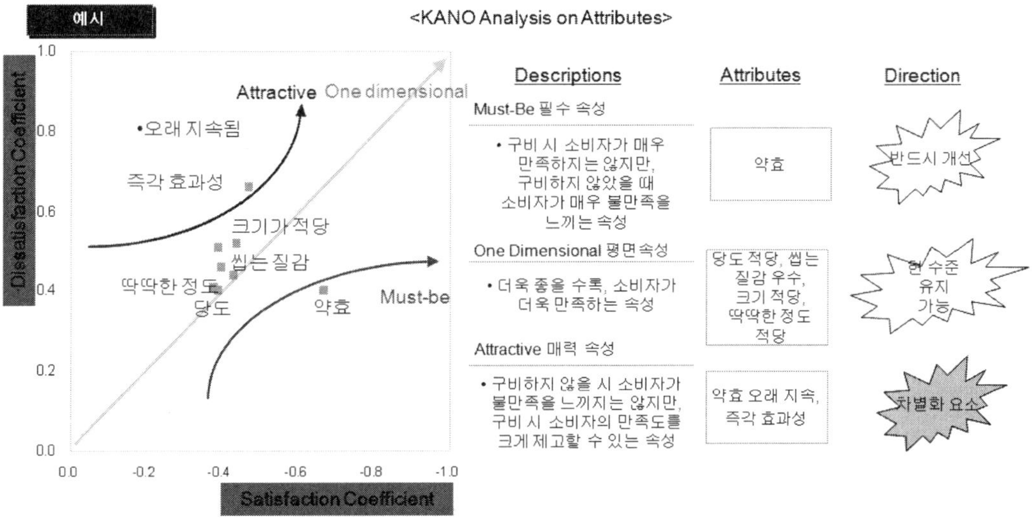

[그림 14-13] 간기능개선제 속성 중 must-have와 attractive속성 구분필요

3 ▸▸ 제품상태 경쟁상황분석(How 분석)

ㅇ 고객의 욕구(Why)를 만족시키기 위한 How분석은 1) 구매자 선택이전 단계와 2) 구매자 선택단계분석으로 나누어짐.

► 구매자 선택이전 단계에서는 경쟁사 제품 간의 1) 제품형태, 2) 포장형태, 3) 포장단위, 4) 색상분석이 이루어짐.
► 구매자 선택 단계에서는 경쟁사 제품 간의 1) 제품성분원천, 2) 제품제조방법분석이 이루어짐.

(1) 제품형태

○ 제품형태의 다양화: 간기능개선제 제품의 다양성 추구는 제품재료 뿐만 아니라 간기능개선제의 모양에 있어서도 나타나고 있으며 해외 사례에 비추어 볼 때 이 추세는 지속될 것으로 보임. 이미, 의약품에서 나타나는 모든 제품형태가 간기능개선제 시장에 나타남 (캡슐형태에서 정, 액체 등의 다양한 제품형태가 존재함).

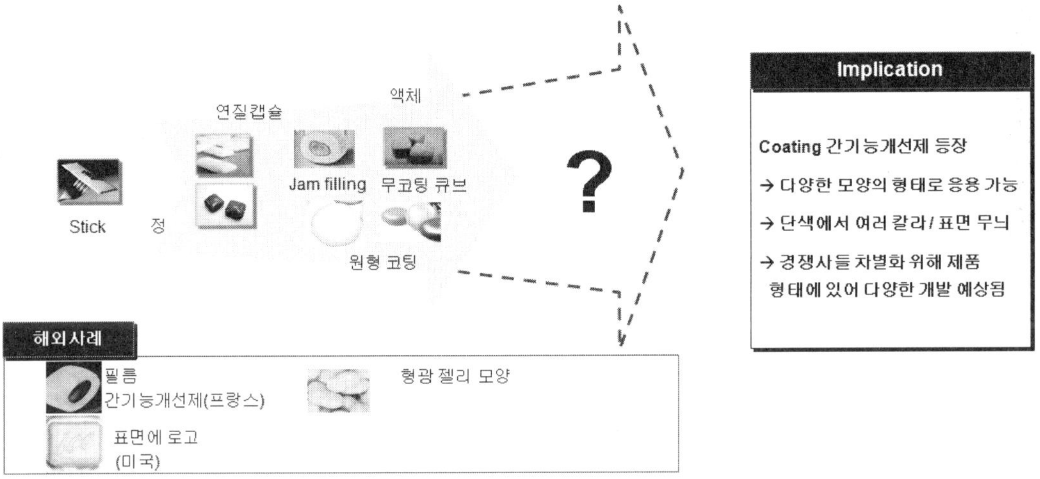

[그림 14-14] 제품형태 다양화 추세

○ 미래 제품형태의 다양화: 미래의 제품형태는 다른 제품카테고리의 제품형태를 받아들일 가능성이 있으므로, 알파치노고스는 입으로 섭취되는 다른 제품카테고리의 제품형태에 대한 학습을 하여야 함.

(2) 포장형태

○ 포장형태의 다양화: 간기능개선제 포장은 소비자의 간기능개선제 구매 선택 기준에 영향을 주는 주요한 요소 중의 하나로 경쟁사들의 포장, 용량, 재질, 모양 등에 대한 개발 노력은 지속되고 있으며, 고급 포장에 대한 Needs도 증가할 것임.

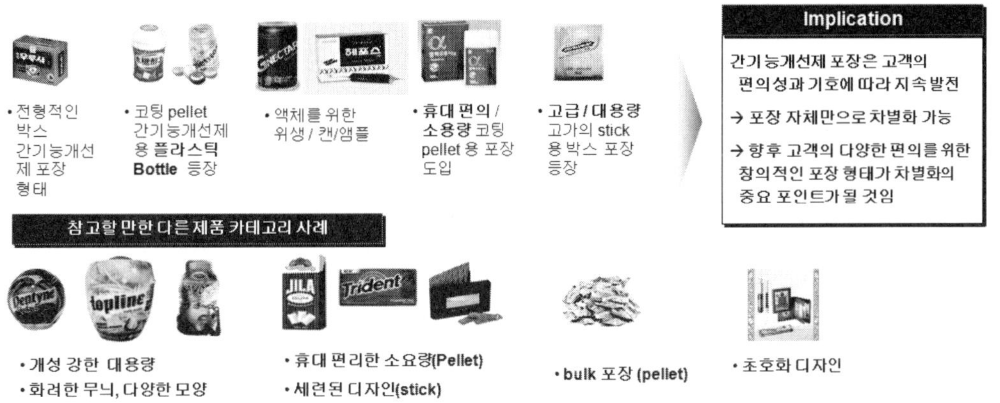

[그림 14-15] 포장형태 다양화 추세

○ 포장형태의 다양화 대비: 알파치노고스는 다른 제품카테고리의 포장형태에 대한 자료를 갖고 있어야 할 것으로 판단됨.

○ 포장형태가 신제품개발의 핵심: 알파치노고스는 브랜드력이 없는 상태이므로, 매장에 진열된 상태에서 구매자가 선택할 욕구를 가질 정도로 시각적으로 강하게 어필하여야 함(추천자가 없는 유통망 상황).

[그림 14-16] 해외의 다양한 제품포장형태

(3) 포장단위(크기)

ㅇ 포장단위의 다양화: 포장용기 크기가 다양화 되고 있어 개인의 필요에 따라 선택이 가능해 지는 추세임.

ㅇ 포장단위의 발상의 대전환필요점검: 알파치노고스가 기존 포장단위와 완전히 다른 (아주 작거나, 아주 크거나) 용기 크기로 시장진입을 검토할 필요성 있음.

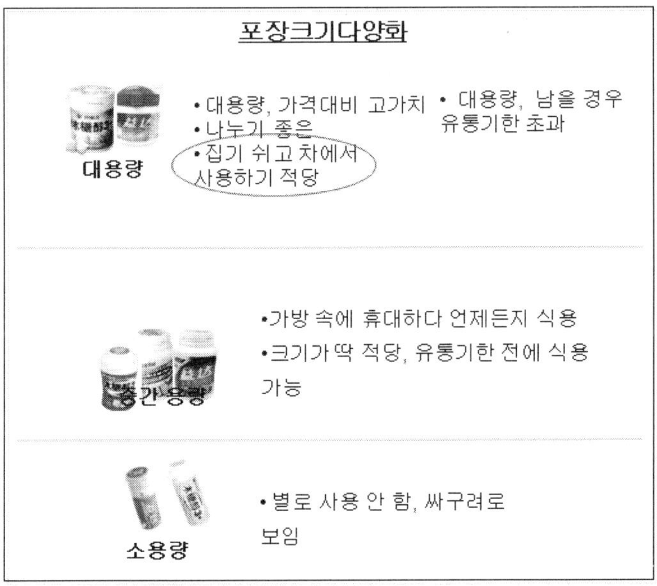

[그림 14-17] 포장크기 다양화와 그 특징

(4) 색상분석

ㅇ 2색 이하의 배색을 사용: 제품색상은 주로 아래 색상환 중 초록과 빨간색에 집중된 제품포장색상을 보여줌.

- ► 알파치노고스가 신제품에 기존제품과 비슷한 색상을 사용할 경우, 제품이 진열된 상태에서 다른 제품과의 식별이 거의 불가능함.
- ► 구매자가 이미 많은 구매해 본 경쟁사 제품의 경우에는 색상만으로도 선택을 유도할 수 있음.
- ► 하지만 알파치노고스와 같은 시장진입자는 다른 제품과의 색상차별화를 통한 선택 유도가 거의 불가능하다고 판단됨.

▸ 만약 알파치노고스가 단색의 제품포장을 원하는 경우, 아래 제시된 색상환 중에서 다른 경쟁제품들이 사용하지 않은 색상을 사용하거나, 무채색을 사용할 것을 권고함.

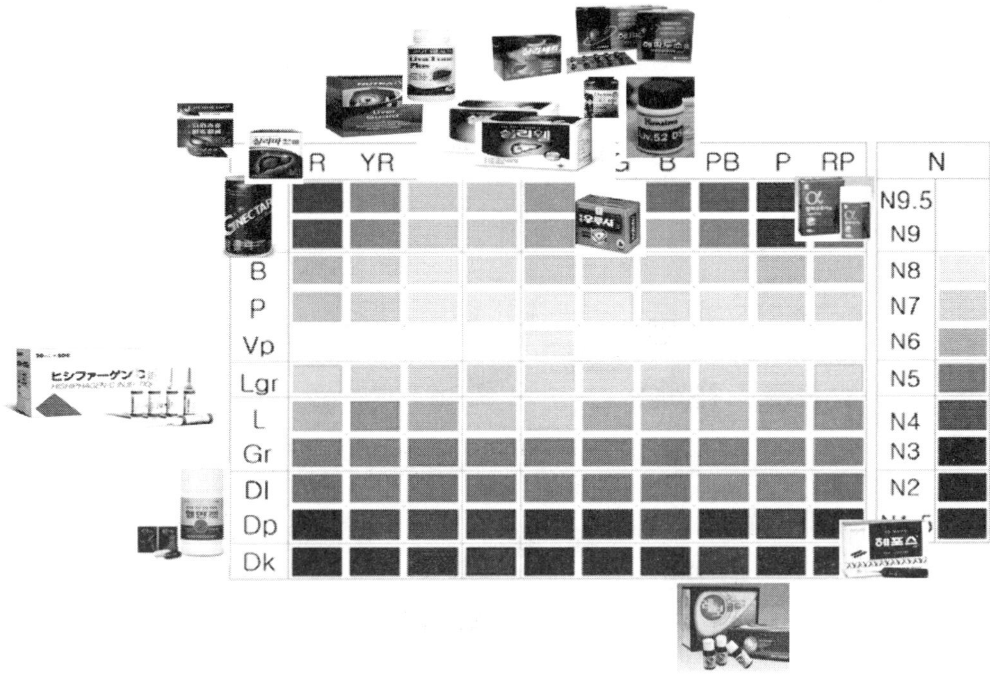

[그림 14-18] 편향된 포장색상의 사용 추세

○ 배색이미지 기회 발견: 기존 제품색상은 주로 단색과 유채색에 의지하고 있음. 배색이미지를 사용한 경우는 빨간색과 녹색의 배색이 주종을 이룸. 따라서 배색과 무채색에서 새로운 포장색 배색기회 발견됨.

▸ 경쟁제품들이 주로 채도가 높은 유채색의 포장을 사용하고 있으므로, 무채색을 사용하여, 제품진열 시에 알파치노고스의 제품이 눈에 부각되도록 유도할 필요성 있음.

▸ 연구자는 [그림 14-19]와 같은 무채색을 포함한 다이내믹한 이미지의 배색을 포장색상으로 권고함.

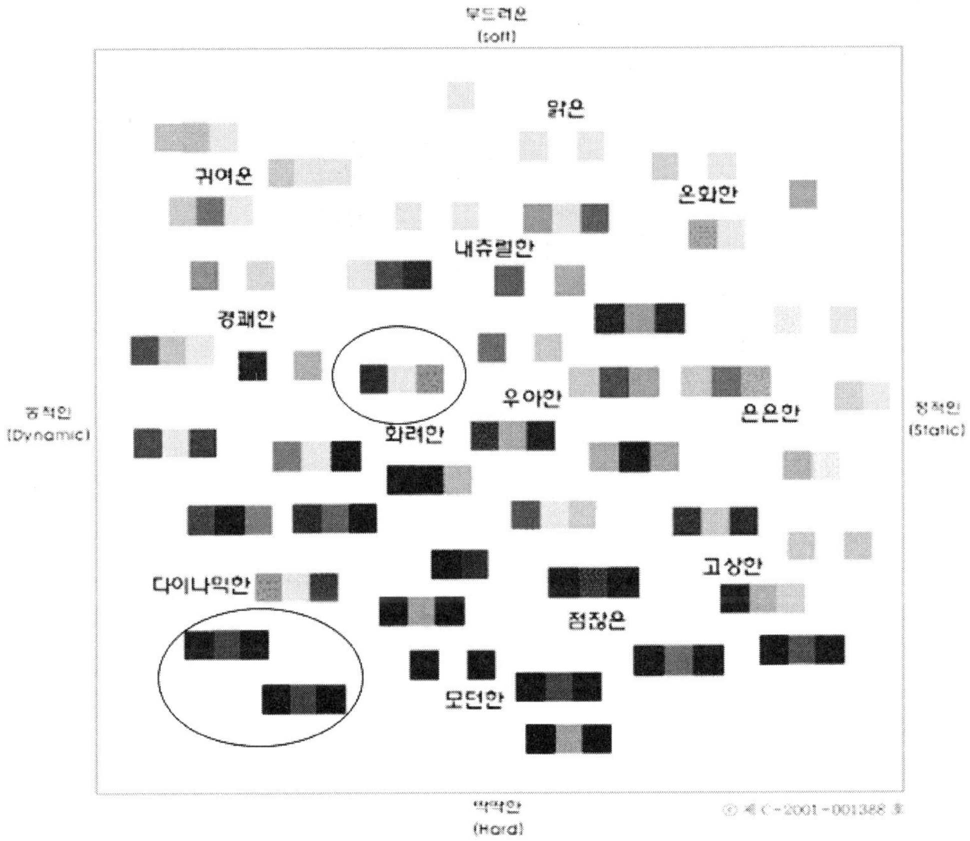

[그림 14-19] 편향된 포장색상의 배색이미지

(5) 제조성분 및 제조방법분석

ㅇ 제조방법을 부각시킨 경우가 드뭄: 제품성분원천은 제품선택기준으로 판매자가 구매자에게 가장 열심히 소구하고 있음. 하지만, 제조방법을 밝히는 경우는 드문 상태임.

〈표 14-1〉 제조성분별/제조방법별 제품 positioning

구 분	동물연상원천	식물성 소재	화학적 소재
제조방법을 밝히는 경우	① ②	① ②	
제조방법을 밝히지 않는 경우		히말라야Liv.52DS, 실리웰, 뉴트리 라이트 리버가드, 리바톤 플러스, GNC 밀크시슬 300정, Herbal Plus, 디톡스 포뮬러, 실리세프, 실리마 엑스복합 카르렉스, 라이프엔진 헛개나무열매, 슈퍼리버프라임 터메릭, 밀크시슬 플러스 Liv-R-Actin, Liver Extract, Solgar Milkthistle200정 Nature's Way Milk Thistle, 헤파케어, 레가론140, 레가론 현탁액 레가론 정, 가네탑 플러스 실마딘, 리버칸, 레바실린, 헤파밸런스	우루사, 헬민200, 히시파겐씨 주, 레보 골드, 헤포스, 리세바, 이노시톨, 타우린 1,000mg, 쓸기담, 알코텔 정, 헤파로빈, 헤파린겐정, 리카바정
특징	실제로 동물원료를 사용하지 않을 수 있음	최근 급격히 부각되는 재료원천임	가장 오래된 전통적 소재

- ► 고객의 욕구를 만족시키기 위해 경쟁자들이 부각시키고 있는 제품성분 원천의 차이는 세 가지임(동물 연상, 천연식물, 화학적 성분).
- ► 우루사와 같이 곰이라는 이미지의 이름이나 광고를 하더라도, 실제는 동물성분을 직접 사용했다는 내용은 광고 및 사용설명서에 없음. 따라서 실제적으로 동물성 재료로 부각시킨 제품은 없다고 제시함.
- ► 최근 가장 많은 노출이 이루어지고 있는 제조성분은 바로 민들레 등의 식물성 원료임.
- ► 화학적 성분을 부각시킨 제품군도 다수임.
- ► 하지만 제조방법의 차이가 제품의 selling points로 사용되는 경우는 없음.
- ► 알파치노고스는 발효라는 제조용법의 차이가 있으므로 이를 부각시켜야 하는 것으로 나타남.
- ► 이 때, 알파치노고스는 동물을 연상시키는 제조성분을 채택할 지, 천연 식물소재를 연상시키는 제조성분을 구매자에게 어필할 지를 절대 생각하지 말아야 함.
- ► 예를 들어, 기존 경쟁제품에서 가장 많이 부각되고 있는 것은 식물천연재료이므로 이것을 알파치노고스가 강조해서는 절대 안 됨. 경쟁사와 비슷한 말을 사용하는 순간, 알파치노고스는 신제품이 아닌, 아류 제품이 될 것임.

4 ▸▸ 기회요인 요약

○ 고객의 욕구(Why)의 다양화는 약한 브랜드력을 갖고 있는 귀사의 기회가 될 수 있음.

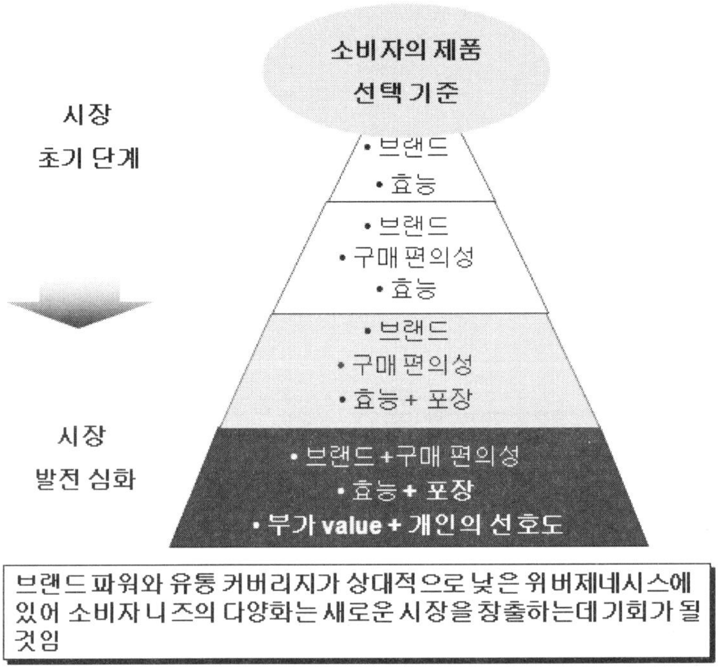

[그림 14-20] 간기능개선제 시장에서의 기회

5 ▸▸ 위험요인 요약

○ 알파치노고스는 다른 경쟁사들이 눈여겨 보지 않는 시장에 진입해야 함. 왜냐하면, 기존 경쟁자보다 영업조직이나 R&D능력이 적기 때문임.

► 경쟁사가 쉽게 공략하지 못할, 매력적 속성이 크게 제품에 부각되어야 함.
► 2015년까지 글로벌 경쟁사나 로컬 경쟁사의 움직임을 면밀히 점검하여, 일순간에 우리 제품이 매장에서 경쟁력을 잃는 것을 방지해야 함.
► 유통경로별로 별도의 움직임이 상시 시스템으로 경쟁사를 분석하고 있어야 함.

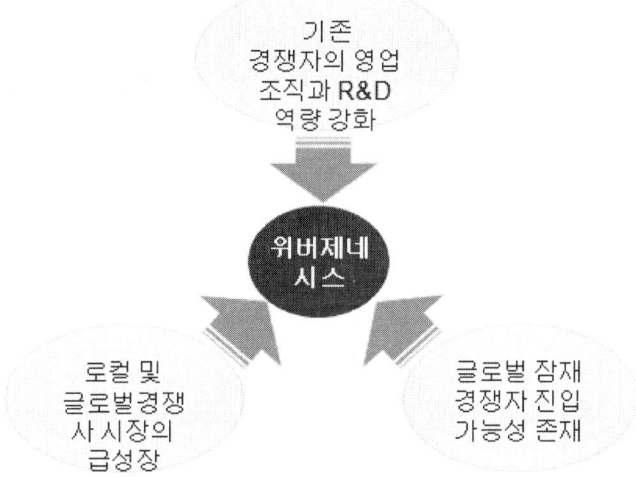

우루사 등의 적극적인 방어 전략과 로컬 및 글로벌경쟁사의 급성장 등 이들 기업들의 움직임은 위버제네시스가 대비해야 할 위협 요인임

[그림 14-21] 간기능개선제 시장에서의 위협요인

○ 알파치노고스는 '우리제품이 잘 될 것'이라는 wishful thinking을 철저히 버려야 함.

6 ▸▸ Phase 1: Abell의 업개념 AS-IS, TO-BE 요약

○ Abell의 업개념 분석을 통해 AS-IS결과를 바탕으로 TO-BE분석을 요약하면 다음과 같음.

- Who분석에서는 세분시장에 집중할 필요성이 대두됨.
- Why분석에서는 '효능'이라는 must-have변수에서 주로 경쟁이 이루어지고 있으므로, 새롭고 매력적인 가치(value)를 찾아야 함.
- How분석에서는 소비자의 선택 전 후에 구매자의 이목을 집중 시킬 차별화된 제품의 형태(shape), 색상(color), 내용(contents)을 개발할 필요성이 대두됨.

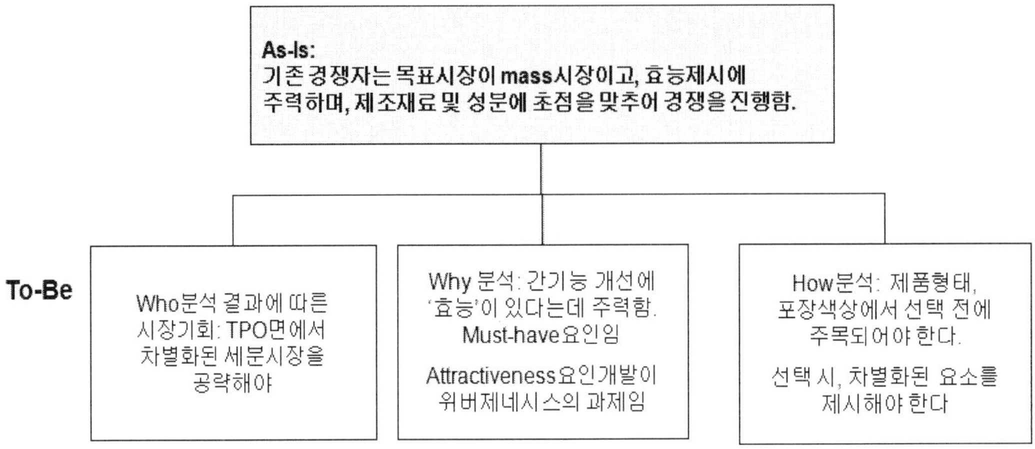

[그림 14-22] Abell의 업개념 분석을 통한 As-Is, To-Be분석 결과

제 3 절 Phase 2: SFC Work Shop을 통한 전략과제와 제품컨셉 도출

○ SFC를 통해 알파치노고스에 권고할 전략과제와 제품컨셉을 도출함.

▶ SFC는 7명의 간기능개선제 복용경험이 있는 27세~60세까지의 대학원마케팅전공자로 이루어졌음.

▶ SFC참석자들은 제2절에서 보고된 간기능개선제 시장에 대한 Abell분석결과(factbook)를 토대로 워크샵을 진행했음.

○ SFC work shop결과를 요약하면, 전략적 과제로 Visible Creative Strategy가 개발됨. 이를 알파치노고스에 권고함.

▶ 이 전략으로 2015년까지 한국 간기능개선시장에서 안착하는 것을 목표로 함.

▶ 시장에서 원하는 value의 신제품을 지속적으로 출시하는 전략임.

위버제네시스는 미래의 기회와 위협에 대한 대응과 간기능개선제 사업의 안착을 위해 2015년까지 visible creative 전략을 펼쳐야 함

위버제네시스는 한국시장에서 성장을 위한 확실한 교두보를 확보해야 함

이런 목표를 달성하기 위해 위버제네시스는 Visible Creative Strategy을 실행함

Creative strategy는 우루사를 상대로 소비자의 Needs를 만족시킬 수 있는 새로운 Value가 추가된 제품을 통해 지속적으로 새로운 시장을 창출하는 것임.

[그림 3-23] SKC work shop결과의 요약

1 ▸▸ 전략적 과제 도출

○ Visible Creative Strategy로 전략적 과제가 개발된 배경은 다음과 같음.

► Who분석결과 목표시장을 좁혀야 한다는데 SFC참가인원의 의견일치.

► What분석결과 기존 value보다 강력하여, 기존 제품을 dominate 시킬 수 있는 value를 만들어야 함.

► How분석에서 알파치노고스의 열악한 시장 내 위치나 영업력을 인식하고, 제품선택시 구매자의 눈에 주목받아야 한다는 이유.

Visible Creative Strategy란

근거

- Who분석결과: 기존 경쟁자가 눈여겨 보지 않는 niche시장을 창조(creative)해야 하는 것으로 나타남.
- What 분석결과: 기존 value이외에 새로운 value를 찾아야 하는것으로 나타남
- How분석결과: 브랜드력이 없는 위버제네시스제품이 구매자의 선택단계에서 눈에 띄게 설계되어 있어야 함(visibility)

궁극적 전략목표

- 선택 단계에서 눈에 띄어야 한다.
- 선택 후에는 제품 사용이 이루어지고, 위버제네시스는 제품효능이 뛰어나므로 재구매가 자연스럽게 이루어질 것이다.

[그림 14-24] 전략적 과제 도출 배경과 목표

○ 이를 통해 구매선택단계에서 주목성을 극대화해야 함.

○ 제품구매 이후에는 알파치노고스의 제품력에 의해, 그 효능과 효과의탁월성을 인식한 고객들이 자연스럽게 재구매를 실시하고, 구전을 통해 제품의 품질을 전파하는 것을 목표로 함.

2 ▸▸ 제품컨셉도출

(1) 도출과정

○ Visible Creative 전략 도출을 위해 , 전문가 집단의 분석을 통해 기존의 소비자 Value와는 차별화된 새로운 Value를 도출하였으며, SFC Workshop을 통해 구체적인 상품화 컨셉을 도출하였음.

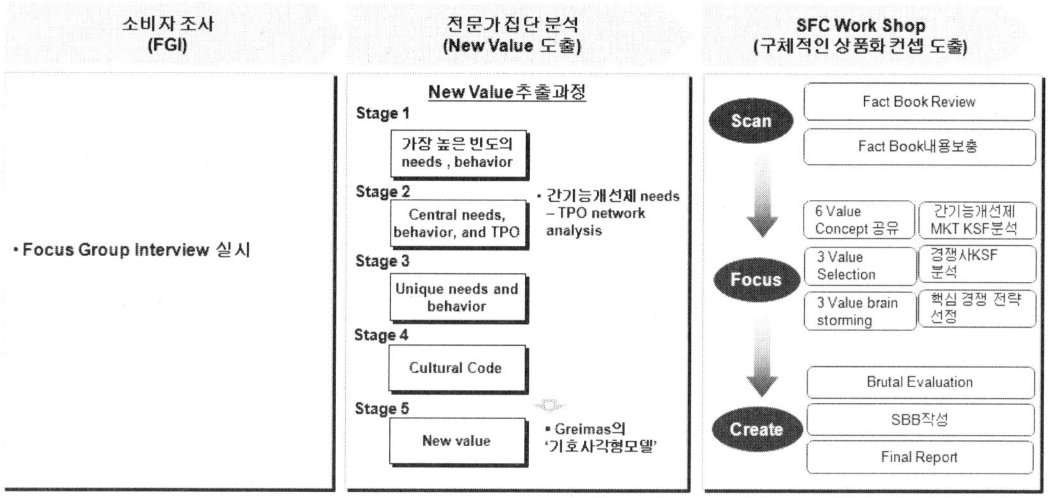

[그림 14-25] 전략적 과제 도출 배경과 목표

ㅇ 도출과정 1(FGI실시): 7명의 work shop참가자들에게 네 개의 질문을 던짐.

► 간기능개선제를 처음 먹어본 것이 언제인가? 그 때 경험을 이야기 해 달라.
► 간기능개선제를 가장 최근에 먹어본 것이 언제인가? 그 때 경험을 이야기 해 달라.
► 간기능개선제를 먹어본 후에 가장 기분이 안 좋았을 때가 언제인가? 그 때 경험을 이야기 해 달라.
► 간기능개선제를 먹어본 후에 가장 기뻤을 때가 언제인가? 그 때 경험을 이야기 해 달라.

ㅇ 도출과정 2(최대응답 needs를 확인): 위의 질문에서 가장 많은 응답이 나온 간기능개선제 사용욕구를 확인함.

ㅇ 도출과정 3(중앙 needs를 확인): 간기능개선제 사용욕구와 그 사용상황(TPO)에 대한 네트워크분석을 실시하여, 어느 욕구가 사용상황과 연관되어 중심에 있는지를 확인함.

ㅇ 도출과정 4(특징적 needs를 확인): 간기능개선제의 기본 효능이외에 특징적인 욕구나 행동을 포착함.

ㅇ 도출과정 5(문화적 코드를 읽음): 간기능개선제를 복용하는 문화적 코드를 읽으려 노력함.

ㅇ 도출과정 6(새로운 value를 확인): 문화적 코드를 통해 아직 노출되지 않은 새로운

value(why)를 찾아냄.

ㅇ 도출과정 7(factbook를 공유함): 이를 통해 도출과정 6에서 나타난 value가 새로운 것인가를 확인.

ㅇ 도출과정 8(경쟁우위 value를 확인): 간기능개선제의 기본 효능이외에 고객들에게 매력적인 6개 가치를 개발하고, 그 중 높은 순위의 3개를 추림.

ㅇ 도출과정 9(치열한 평가실시): 과연 3개의 새로운 value가 알파치노고스가 가진 장점이며, 이것이 visible creative strategy에 부합하는 것인지를 참가인원끼리 교차 확인함.

(2) 새로운 value 정리

ㅇ 기존 제품이 '효능'을 must-have value로 가지고, how측면에서 브랜드력 및 원재료 차별성을 강조함을 확인함.

ㅇ '효능'은 must-have value이므로, 알파치노고스가 강조할 필요가 없음에 공감함.

ㅇ time과 이동편리성(mobility), '숙성발효'라는 제조방법차별성을 attractive attribute로 새로운 value로 확인. 이 셋을 Visible Creative Strategy를 구현할 value로 확인함.

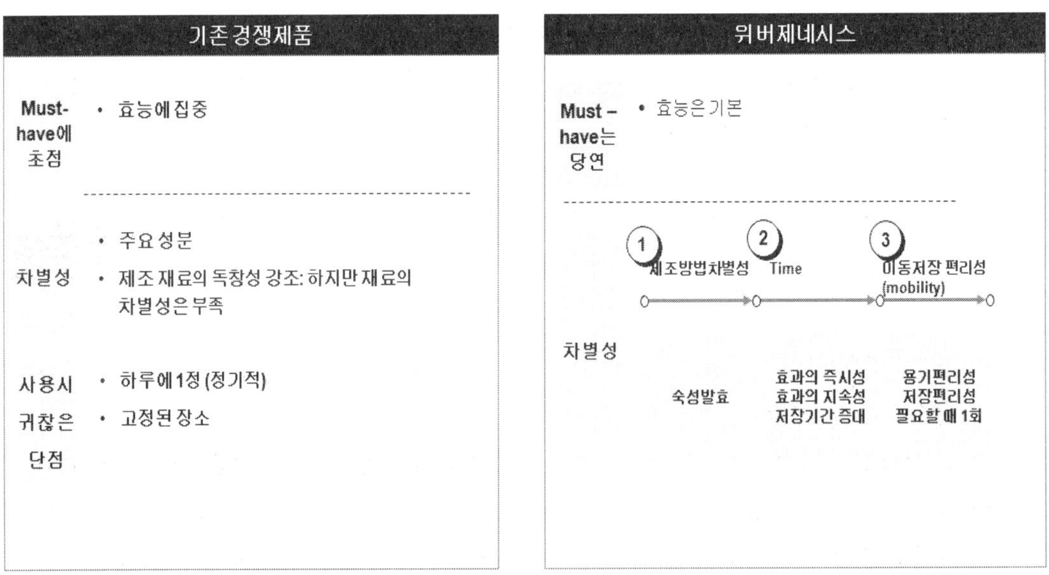

[그림 3-26] 차별적 새로운 value의 추출

ㅇ time과 이동편리성(mobility), '숙성발효'를 실행을 위한 value로 구체화하는 작업을 실시함

► time은 faster와 longer로 분리함
► mobility는 '제품이 고정된 위치에 있지 않고, 집 밖으로도 움직일 수 있다는 개념으로 풀어 해석함.
► 숙성발효는 faster, longer, mobile를 가능하게 하는 수단으로 제시하기로 함.

○ faster는 '효과가 빠르다'는 value로 구현함. faster effectiveness!

○ longer는 '효과의 지속시간이 길다'는 value로 구현함. 이를 통해 한 번 먹어도 그 효과가 오래가서, 경쟁사들처럼 하루에 한 번씩 먹을 필요가 없다는 차별성을 부각시킬 기회를 찾음.

○ longer는 '저장기간이 길다'는 value로 구현함. 이를 통해 한 번 구매했다가 남기는 경우, 아깝게 버리지 않아도 됨을 부각시킴.

○ mobile은 '저장이 된 상태에서도 몸에 지니기 편리한(convenient)상태'로 value화 함. fun(재미)과도 연관시키기로 함.

○ 포장형태는 faster, longer, mobile를 구현하는 상태이어야 함. 물론 튼튼하고 효과적/효율적이며 재미있어야 함.

○ 포장색상은 faster, longer, mobile과 적합한 색상이어야 함. 물론 효과가 빨라 보이는 강력한 인상을 주어야 함.

○ 포장콘텐츠에는 '숙성발효'라는 문구가 들어가서 faster, longer, mobile의 화두와 연관되어 있음.

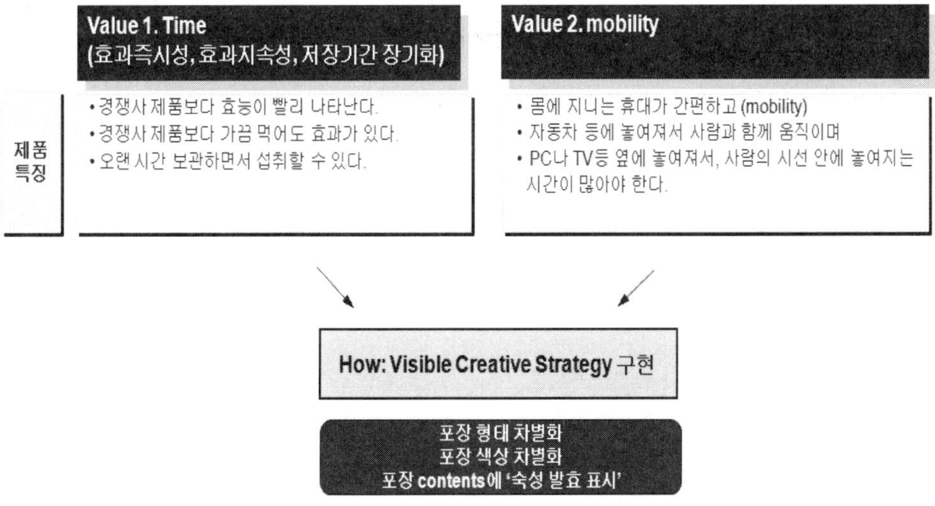

[그림 14-27] 새로운 value의 정리

(3) 새로운 목표시장의 확정

○ 목표시장 선정필요: Mass marketing에서 벗어나 특정 세분시장을 공략해야 함. 아래 세 가지 option중 Option 1을 선택함.

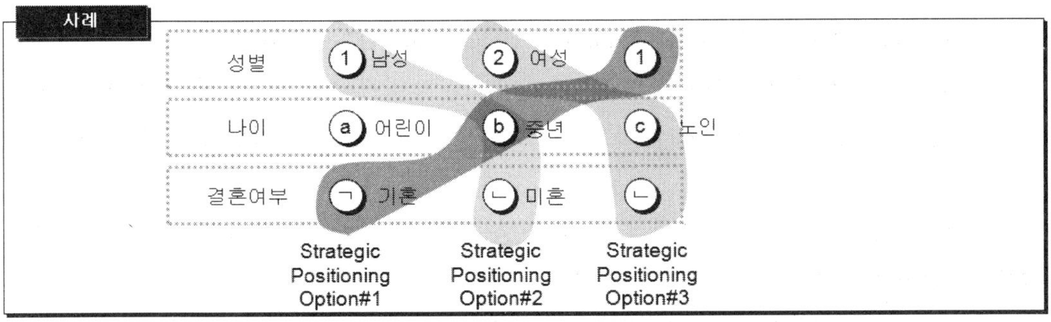

Option 1: 중년 기혼 남성들의 필수품

Option 2: 중년 독신의 남자들의 필수품

Option 3: 노년 독신의 여성들의 필수품

[그림 14-28] 목표시장 선정을 위한 상상

(4) 제품컨셉

○ PI(Product Identity): 기혼의 40대 남성을 위해 그의 아내가 구매하여, 차량 안이나 PC 앞에 놓아주는, 숙성발효된 간기능개선제. 효과가 빠르고, 지속시간이 많아서 눈 앞에 보일 때 가끔 챙겨 먹어도 되는, 예쁜 포장의 간기능개선제.

○ 제품컨셉: 남성 어른을 위한 해독제(antidote for male adults)

제품 컨셉

제품명	****

제품 컨셉

• antidote for male adults (해독제)

제품특징	제품구체화
• 효과가 빠르다 • 효과 지속시간이 장기간이다. • 가끔 먹어도 된다. • 차량 안에 놓고 다녀도 된다. • pc앞에 놓여져 있다.	•제품포장형태는 용기껌과 비슷 •색상은 무채색과 유채색의 혼합 •숙성발효가 강조된 문구가 삽입된 포장

[그림 3-29] 목표시장 선정을 위한 상상

제 4 절 Phase 3: 신제품의 전략적 포지셔닝 제시

○ 알파치노고스에 권고할 새로운 제품 positioning을 제시함.

► 목표시장을 40대 이상의 남성으로 좁힘. 이를 통해 기존 경쟁자의 목표시장과 겹치는 영역을 최소화함. 이 과정은 알파치노고스의 마케팅자원의 효율성을 높일 것임.

► 제품의 value로 효과즉시성, 효과장기성, 보관장기성, mobility를 제시함. 이 새로운 value는 알파치노고스 제품의 시장침투를 위한 무기로 작동할 것임.

► 제품의 포장형태 및 색상이 faster, longer, mobile을 시각적으로 보여주도록 설계됨. 이를 통해 구매이전 단계의 경쟁력을 높일 것임.

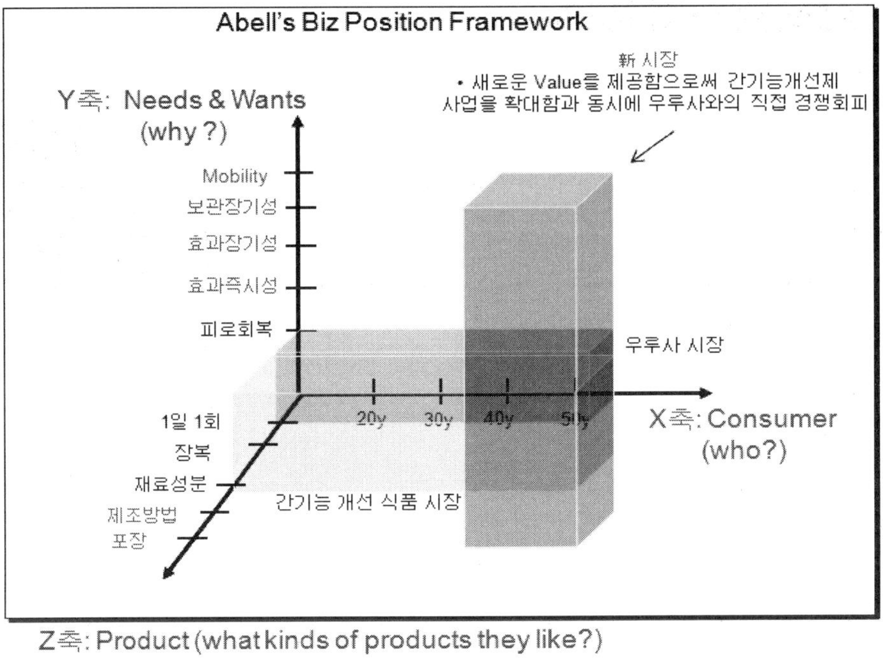

[그림 3-30] 알파치노고스 간기능개선제의 전략적 positioning

○ 구체적인 제품개선 action plan의 범위는 아래의 9가지임.

- ► 효능의 지속성이 높아지는 것을 소비자가 느끼도록 하기 위해, 입안의 맛을 지속시키는 장치가 필요함
- ► 효과의 크기를 시각적으로 보여주기 위해, 개별제품의 크기를 크게 함.
- ► 효과가 다르다는 것을 보여주기 위해, 제품형태의 모양을 변경함.
- ► 저장성 및 mobility를 확보하기 위해, 외부포장을 변경함.
- ► 포장내부의 변경을 고려함.
- ► 제품포장 문구에 '숙성발효'를 표시함.
- ► 광고 등의 캠페인을 실시할 지에 대한 의사결정 필요.
- ► 이 세 가지 value이외에 다른 value를 2015년까지 새롭게 모색함.
- ► 한 번 변경된 제품형태-색상-콘텐츠에 대한 시장반응을 모니터함.

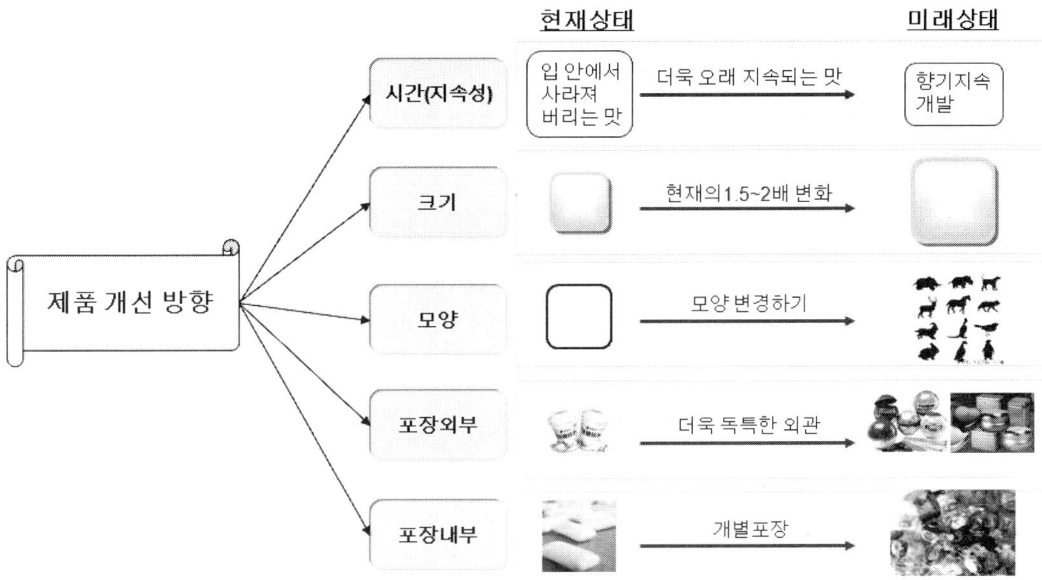

[그림 14-31] action plan의 범위

ㅇ 이를 통해 visible creative strategy를 구현함.

제 5 절 Phase 3: Road map제시

1 ▸▸ 시장분석결과 요약

ㅇ 알파치노고스는 우루사 등에 대적할 수 없는 상태이므로 게릴라전략을 사용하기로 함.

ㅇ 어떤 전략을 사용할 지를 점검하기 위해 Abell's Biz Definition에 의해 1) 고객 목표 시장, 2) 고객욕구, 3) 고객 욕구를 충족시키는 제품이나 기술을 점검함. 이를 바탕으로 factbook이 발행됨.

ㅇ factbook을 바탕으로 SFC workshop을 실시함. 이를 토대로 알파치노고스의 전략적 과제와 제품컨셉이 도출됨.

ㅇ 결과물 1: Visible Creative Strategy를 권고함.

○ 결과물2: 제품컨셉은 '남성 어른을 위한 해독제(antidote for male adults)'

○ 결과물 3: 알파치노고스만이 갖고 있는 매력적 속성이 정리됨.

- ► 기존제품보다 faster
- ► 기존제품보다 longer
- ► 기존제품보다 mobile

○ 결과물 4: 구체적으로 구매자에게 전달되는 value: 효과지속성, 효과즉시성, 보관장기성, mobility.

○ 구체적인 제품개선 action plan의 범위로 9가지를 제시함.

2 ▸▸ 시장/제품 부문 로드맵

○ 2015년까지 action plan의 9가지 과제에 대한 로드맵을 제시함.

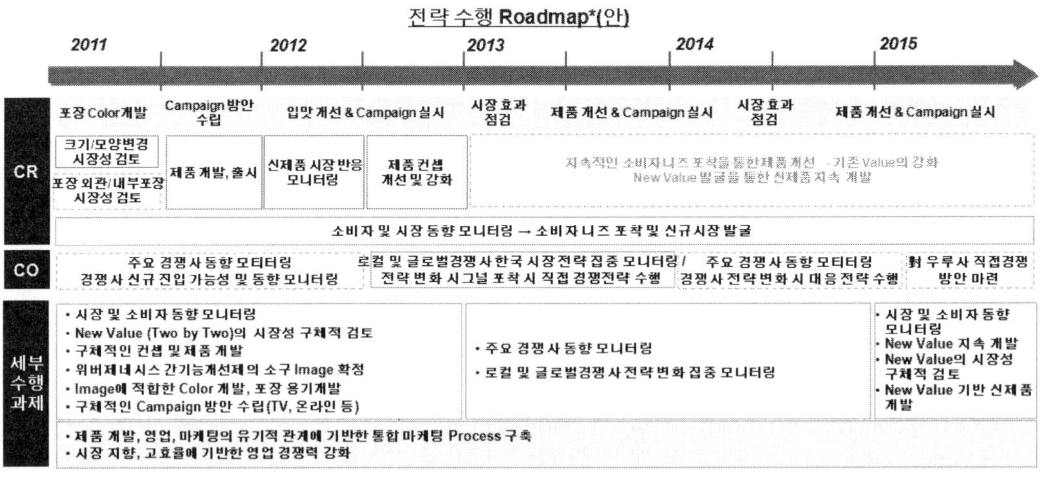

CR: creative 전략, CO: competitive 전략

[그림 14-32] 알파치노고스 간기능개선제의 Road map

[저자 약력]

남 윤 정

성균관대학교 대학원 경영학과 졸업
전, XML기반기술 벤처기업 마케팅팀장(1999~2001)
동아원그룹 자회사 마케팅, 신규사업부장(2002~2012)
우송대학교 초빙교수
현, (사)한국정보기술학회 평이사
한국교통대학교 창업선도대학 전문위원
2016(33rd edition) The Marquis' Who's Who in the World 등재

저 서
창업아이템 개발(2016), 서울: 마인드탭

창업신제품 개발

초판인쇄 2016년 2월 25일
초판발행 2016년 3월 1일

지은이 남윤정
펴낸이 김중용

총괄기획 박노일
편 집 심성보·김인숙

펴낸곳 마인드탭 MIND TAP
경기도 파주시 책향기로 441, 1004동 1004호(동패동, 책향기마을)
등록 제406-2014-000093호
전 화 070)7550-3758 팩 스 02)718-8554
홈페이지 www.mindtap.co.kr 이메일 pnc@pncmedia.co.kr
ISBN 979-11-86672-22-8 93320

※ 마인드탭은 피앤씨미디어의 자매 브랜드입니다.

정 가 15,000원